Brugge
Bruges
Bruges
Brügge

Teksten — Textes — Text — Texte
Georges-Henri Dumont

Foto's — Photos — Photos — Aufnahmen
Damien Hubaut

Brugge
Bruges
Bruges
Brügge

Uitgeverij Paul Merckx Editions

Mooie, vanzelfsprekend lijkende volksetymologieën zijn haast onuitroeibaar. Waarom zou «Brugge» nou geen afleiding zijn van «brug»? Het lijkt allemaal zo natuurlijk. Maar als de naam Brugge voor het eerst opduikt in 875 is het een aanlegsteiger die vooral wordt aangedaan door Angelsaksen en Skandinaviërs, een haven, waarvan de naam blijkt afgeleid te zijn van *«bryggia», d.w.z. landingshoofd.

Als de vloed kwam opzetten, overstroomde de Noordzee sedert mensenheugenis de hele streek rond het huidige Brugge. Slechts een paar hoger gelegen zanderige plekken durfden hun kale hoofd boven de golven uit te steken, onder andere de plaats waar een «burg» of burcht verrees.

Toen Boudewijn met de IJzeren Arm in 864 de eerste graaf van Brugge werd, bouwde hij de min of meer vervallen burcht uit tot een versterkte plaats en liet er de kostbare relikwieën van St-Donaas, die te Torhout werden bewaard, in veiligheid brengen. De vesting werd een schuilplaats, toen de Noormannen vooral de kloosters in de buurt bestormden en leegroofden.

Toentertijd werd er in Brugge al munt geslagen, hetgeen op handelstransacties wijst en het bestaan van een markt suggereert. Ongeveer een eeuw later werden er al drie parochiekerken gebouwd in de stad die niet meer onder overstromingen te lijden had en alleen nog door de Roja, de latere Reie werd doorstroomd.

Toen de Noordzee zich in de 10de eeuw terugtrok, liet ze een brede zeearm met allerlei bochten en uitsnijdingen achter, het Zwin, waarin de Reie uitmondde. Reeds in de 11de eeuw vereerden heel wat buitenlanders Brugge met een bezoek. Een van hen was Gunhilde, de zuster van Harald, de laatste koning van de Angelsaksen. Na de slag van Hastings kwam ze troost en toevlucht zoeken in Brugge, waar ze in 1087 stierf. In de schatkamer van de kathedraal is haar loden grafplaat nog altijd te zien. In 1037 was de boot van Emma, de zuster van Richard van Normandië, al bij de Burg voor anker gegaan. In het relaas over haar ballingschap staat te lezen: «De burcht staat bekend voor de talrijke kooplieden, die er hun opwachting maken, en voor de kostbare koopwaren die ze aanbieden.» Dit wordt overigens bevestigd door een brief van ene Gervais, bisschop van Reims, die gewaagt van overvloedige rijkdommen, braakland dat vruchtbaar is geworden, boomgaarden, weiden met grote kudden en zelfs een wijngaard die graaf Boudewijn V of Boudewijn van Rijssel er had laten aanleggen.

In de 11de eeuw werd er druk handel gedreven. De kooplieden vertrokken nog in hoogsteigen persoon naar het buitenland, vooral naar Londen en Duitsland, om er zaken te doen. In de 12de eeuw waren het al voornamelijk buitenlandse kooplui, o.a. Denen en Italianen, die te Brugge partijen Iepers laken opkochten en ze dan in Novgorod of via de foren van Champagne in landen rond de Middellandse Zee aan de man wisten te brengen. Had je toen enige tijd binnen de muren van een stad vertoefd, dan maakte de stadslucht je vrij, ook als je tevoren lijfeigene was geweest. Nochtans, zoals in de andere Vlaamse steden hadden de patriciërs ook in Brugge het beleid in handen. De goede verstandhouding tussen graaf en poorters ten gevolge van gelijkgerichte belangen was trouwens de adel of tenminste heel wat edellieden een doorn in het oog. Zo verweten plaatselijke edelen Karel de Goede, kleinzoon van Robrecht de Fries, dat hij hun verbood geweld te gebruiken om zich recht te verschaffen. Ze werden gesteund door een zekere Bertoux, een konkelaar en een plichtverzaker, ofschoon hij proost van St-Donaas en kanselier van Vlaanderen was. De omstandigheden leken trouwens gunstig voor een komplot. Inderdaad, om de haverklap liep je toen in Brugge en ontwortelde avonturier tegen het lijf, die tot elke prijs rijk wilde worden en klaarstond om onrust te stoken. Op 2 maart werd Karel de Goede door een neef van de proost achterbaks vermoord, terwijl hij in de St-Donaaskerk de mis hoorde. Een dolkstoot in de rug had hem neergeveld. Toen deze misdaad bekend raakte, grepen de Vlaamse steden naar de wapens om hun «goede» en als martelaar beschouwde graaf te wreken. De Bruggelingen, die vooral oog hadden voor hun handelsbelangen, verbraken ten spoedigste alle betrekkingen met de kliek der moordenaars.

Daar Karel de Goede kinderloos was gestorven, benoemde Lodewijk VI, koning van Frankrijk en opperste leenheer van de overledene, Willem Clito, kleinzoon van Willem de Veroveraar en van Mathilde, dochter van de graaf van Vlaanderen Boudewijn VI, tot

Beaucoup de légendes ont la vie tenace. Ainsi en est-il de celle — assurément séduisante — qui rapproche le nom de Bruges du mot flamand *brug* (pont). En fait, le nom de Bruges est cité pour la première fois en 875, à une époque où le site comportait un débarcadère qu'avaient fréquenté les Anglo-Saxons et les Scandinaves. Le nom de Bruges dériverait donc du mot scandinave *Bryggia*, désignant un endroit d'accostage.

Depuis longtemps, la mer du Nord, en ses heures de flux, envahissait les terres au-delà de la ville actuelle. Seules émergeaient alors quelques parties hautes et sableuses, notamment celle sur laquelle se dressait un burg.

Lorsque Baudouin Bras-de-Fer devint, en 864, le premier comte de Flandre, il reconstruisit le burg qui tombait en ruine et en fit une forteresse où il transféra, depuis Torhout, les précieuses reliques de saint Donatien. Cette forteresse contribua à protéger les Brugeois des incursions normandes qui ravageaient les monastères des environs. En ces années-là, le Burg avait son atelier monétaire, ce qui suggère la présence d'un marché à transactions commerciales. Au siècle suivant, trois églises paroissiales furent érigées dans la ville que ne traversait plus que la Roia, la future Reie.

Quand la mer du Nord se retira au cours du Xe siècle, elle laissa un large estuaire fort échancré, le Zwin, qui recevait les eaux de la Reie. Au XIe siècle déjà, le Burg attirait de nombreux hôtes étrangers, parmi lesquels Gunhilde, sœur d'Harold, le dernier roi anglo-saxon. Elle se réfugia à Bruges après la bataille d'Hastings et y mourut en 1087. Sa plaque funéraire en plomb est conservée au trésor de la cathédrale. Quant à Emma, sœur du duc Richard de Normandie, son navire accosta, en 1037, non loin du Burg. «Ce château», rapporte une relation de son exil, «est célèbre tant par le nombre de marchands qu'on y trouve que par l'affluence des choses les plus luxueuses». Ce que confirme une lettre de Gervais, évêque de Reims, qui décrit l'abondance des richesses, la fécondité du sol auparavant inculte, les nombreux vergers, les prairies couvertes de troupeaux et même les vignobles introduits par le comte Baudouin V, dit de Lille.

Aux XIe et XIIe siècles, le commerce brugeois était encore un commerce actif : les marchands se rendaient eux-mêmes à l'étranger — principalement à Londres et en Allemagne — pour y vendre et acheter. Mais, dès le début du XIIe siècle, des marchands étrangers, notamment danois et italiens, venaient charger à Bruges les draps d'Ypres qu'ils acheminaient jusqu'à Novgorod et, via les foires de Champagne, dans le monde méditerranéen. A cette époque, quiconque habitait depuis un certain temps la ville, fût-il un ancien serf, bénéficiait du statut d'homme libre. Comme dans les autres villes flamandes, les patriciens dirigeaient leurs concitoyens.

La bonne entente du comte et des bourgeois, conséquence de la connivence des intérêts économiques, inquiétait une partie de la noblesse. Sous le règne de Charles le Bon, petit-fils de Robert le Frison, quelques seigneurs locaux reprochèrent au comte de ne plus leur permettre de régler par la force leurs différends. Ils avaient l'appui de Bertoux, prévôt du chapitre de Saint-Donatien, chancelier de Flandre, un personnage intrigant et prévaricateur. Les circonstances étaient favorables à un complot. Bruges était, en effet, encombrée de déracinés et d'aventuriers, cherchant fortune et toujours prêts à susciter des troubles. Le 2 mars 1127, Charles le Bon, qui s'était rendu à la messe en l'église Saint-Donatien, y fut tué d'un coup d'épée dans le dos, par un des neveux du prévôt. Aussitôt connue la nouvelle de ce meurtre, la majorité des villes flamandes prit les armes pour venger la mort du *bonus comes*, bientôt considéré comme un martyr. Quant aux Brugeois, soucieux de la poursuite de leurs affaires commerciales, ils s'empressèrent d'écarter toute solidarité avec le clan des assassins.

Charles le Bon étant mort sans enfant, le roi de France Louis VI, en tant que suzerain d'un fief tenu de la Couronne, désigna comme successeur Guillaume Cliton, petit-fils de Guillaume le Conquérant et de Mathilde, la fille du comte Baudouin VI de Flandre. Mais, à l'instar des autres villes flamandes, Bruges ne consentit à ratifier ce choix qu'après l'acceptation par le nouveau comte et par le roi Louis VI, venu à Bruges pour la circonstance, d'une charte conférant aux villes un statut privilégié comportant des institutions administratives et judiciaires propres. L'événement était de taille, mais Guillaume Cliton ne tarda pas à révoquer certains privilèges qu'il avait accordés. Ce fut la révolte contre le comte parjure.

Louis VI tenta vainement de soutenir son protégé. Celui-ci mourut le 27 juillet 1128, tué au siège d'Alost. Thierry d'Alsace, cousin de Charles le Bon, fut proclamé comte de Flandre après avoir prêté le serment de respecter les privilèges urbains. Louis VI, hors du coup, ne put que recevoir son hommage et sa foi, et lui donner l'investiture du comté. Une période de consolidation et d'expansion s'ouvrait. Comme l'a observé le professeur Wim Blockmans, « la grande noblesse flamande n'y joua aucun rôle, préoccupée qu'elle était par les Croisades. La parole était maintenant aux villes et aux fonctionnaires. » Thierry d'Alsace lui-même répondit à l'appel de saint Bernard et se rendit quatre fois en Palestine. Au cours d'une de ses expéditions, le patriarche de Jérusalem lui offrit une ampoule contenant quelques gouttes du sang du Christ, recueillies sur le calvaire par Nicodème et saint Joseph d'Arimathie. Le comte-croisé résolut d'en faire don à la ville de Bruges et chargea son chapelain, l'abbé Léon de Saint-Bertin, de l'y mener.

Réception enthousiaste que celle réservée, le 7 avril 1150, au comte Thierry à son retour en Flandre. Toutes les bannières des métiers brugeois étaient déployées, les riches tentures claquaient au vent, un tapis de fleurs couvrait le sol devant les demeures patriciennes. Depuis le XIIIe siècle au moins, les Brugeois commémorent cet événement par la spectaculaire procession de mai. En un long ruban de couleurs vives, des groupes d'acteurs bénévoles racontent à la foule l'histoire du genre humain et son rachat par le sang du Christ. L'apothéose en est l'arrivée de la châsse du Saint-Sang, fastueuse pièce d'orfèvrerie exécutée, de 1614 à 1617, par le Brugeois Jean Crabbe.

Le noyau de Bruges se situait encore au Oudeburg. Depuis 1100 environ, un mur d'enceinte entourait un espace de 86 hectares que les bateaux n'atteignaient plus qu'à marée haute. Tandis que l'avant-port était fixé à Damme, le commerce terrestre s'organisa, en particulier autour des activités de la foire. Au XIIIe siècle, des comptoirs allemands s'établirent dans la ville promptement suivis par ceux des Anglais, des Ecossais, des Espagnols, des Catalans, des Basques, des Génois, des Florentins, des Milanais, des Lucquois...

Les rois de France ne désespéraient pas d'annexer purement et simplement la riche Flandre qui relevait de leur suzeraineté. Grâce à l'alliance avec les Anglais, le comte Ferrand de Portugal infligea une cuisante défaite à la flotte d'invasion française devant Damme. Mais le roi Philippe-Auguste vengea cet échec en écrasant à Bouvines, en juillet 1214, les armées coalisées des Flamands, Brabançons, Anglais et Allemands. Fait prisonnier sur le champ de bataille, Ferrand de Portugal ne fut libéré qu'après douze années de captivité.

Le comte Gui de Dampierre connut le même sort en 1300 parce que, lui aussi, s'était allié aux Anglais, cette fois contre Philippe le Bel. Celui-ci enferma son vassal à Compiègne et décréta l'annexion du comté de Flandre au domaine royal. Le pays fut occupé avec la complicité des patriciens (les *Leliarts*, par allusion au lys de France). Mais la masse des artisans, depuis longtemps impatients de renverser le pouvoir exclusif des riches marchands, releva la tête. Des troubles éclatèrent partout en Flandre, provoqués par un petit tribun d'apparence chétive : Pierre de Coninck. Ils demeurèrent assez désordonnés jusqu'au moment où la maison comtale fournit un chef qui s'imposa également à toutes les villes : Guillaume de Juliers. Jean de Namur ainsi que son frère Gui se joignirent à leur tour au mouvement de rébellion. Démocratie et dynastie poursuivaient le même objectif.

L'orage se déchaîna à l'aube du 18 mai 1302. Alors que les hommes d'armes du roi de France dormaient encore dans la ville de Bruges, les *Klauwaerts* (allusion aux griffes du lion héraldique de Flandre) tuèrent les sentinelles, s'emparèrent des portes et se livrèrent, dans la pénombre, à un massacre épouvantable. On égorgea les uns dans leur lit, on traqua les autres dans les ruelles étroites. Le gouverneur français Jacques de Châtillon échappa de justesse à la mort et se réfugia derrière les murailles du château de Courtrai. Parti de Bruges, le mouvement social gagna l'ensemble des Pays-Bas et même la principauté de Liège. Mais en Flandre, il avait, en même temps, un caractère national.

Philippe le Bel crut pouvoir rétablir la situation à son avantage en envoyant contre les rebelles une forte armée de chevaliers aux armures étincelantes et aux éperons d'or. Elle se fit battre à Groeninge, devant Courtrai, le 11 juillet, par une masse d'ouvriers et de paysans bien commandée par une poignée de seigneurs demeurés fidèles au comte Gui. C'était le couronnement des matines brugeoises : le

opvolger. Net zoals de andere Vlaamse steden keurde Brugge echter deze keuze pas goed nadat de nieuwe graaf en de te dien einde naar Brugge gekomen Lodewijk VI de steden in een keure privileges hadden toegestaan, o.a. het recht op zelfbeheer en eigen jurisdictie. Er stond heel wat op het spel. Dit verklaart misschien waarom W. Clito later bepaalde privileges die hij had toegestaan, ongeldig verklaarde, hetgeen een opstand tegen de meinedige graaf tot gevolg had.

Lodewijk VI nam het op voor zijn beschermeling, maar tevergeefs, want die kwam op 27 juli 1128 bij de belegering van Aalst om het leven. De neef van Karel de Goede Diederik van de Elzas werd uitgeroepen tot graaf van Vlaanderen, nadat hij onder eed had beloofd de privileges van de steden te zullen eerbiedigen. Lodewijk VI was buiten spel gezet en gedwongen Diederik de leeneed te laten afleggen en hem met het graafschap te belenen. Daarna kwam er een periode van herstel en uitzetting. Zoals professor Wim Blokmans heeft opgemerkt, was de Vlaamse adel te zeer door de Kruistochten in beslag genomen om op binnenlands vlak een actieve rol te kunnen spelen, zodat de steden en hun magistraat het voor het zeggen hadden.

Diederik van de Elzas gaf gevolg aan de oproep van de heilige Bernardus en trok vier keer naar het Heilige Land. Tijdens een van die expedities bood de patriarch van Jeruzalem hem een ampulla aan met enkele druppels van het bloed van Christus, dat op de Calvarieberg door Nicodemus en Jozef van Arimathea zou zijn opgevangen. De graaf en kruisridder besloot de relikwie aan de stad Brugge ten geschenke te geven en gaf zijn kuiskaplaan Leo van St-Bertin opdracht ze naar haar plaats van bestemming te brengen.

Bij zijn terugkeer naar Vlaanderen op 7 april 1150 viel graaf Diederik een geestdriftig onthaal ten deel. De vaandels van de Brugse ambachten wapperden, rijke wandtapijten hingen aan de gevels en een tapijt van bloemen bedekte de straten voor de patriciërshuizen.

Op zijn laatst sedert de 13de eeuw herdenken de Bruggelingen deze gebeurtenis elk jaar tijdens de indrukwekkende H. Bloedprocessie in de maand mei. Als een lint van felle kleuren trekken groepen vrijwillige acteurs door de straten en vertolken de geschiedenis van de mensheid, die door het Bloed van Christus is vrijgekocht. De aankomst van de rijve van het Heilig Bloed, een schitterend edelsmeedwerk, dat de Bruggeling Jan Crabbe in 1614-1617 vervaardigde, vormt het hoogtepunt van de feestelijke stoet.

In de 12de eeuw was de Oude Burg nog het hart van Brugge. Omstreeks 1 100 was een 86 hectare groot gebied door een omwalling omringd en konden de schepen nog slechts bij hoog tij tot in de stad geraken. Damme was reeds de voorhaven van Brugge geworden. Het vervoer over land werd als maar makkelijker en was bijzonder druk tijdens de jaarlijkse foor. In de 13de eeuw hadden de Italianen en de Duitsers al natiehuizen te Brugge en weldra volgden de Engelsen, de Schotten, de Spanjaarden, de Catalanen, de Basken, de Genuesen, de Florentijnen, de Milanezen, de kooplieden van Lucca...

De koningen van Frankrijk hoopten nog altijd het rijke en tot hun opperleenheerschap behorende Vlaanderen eenvoudigweg te kunnen aanhechten. Dankzij het verbond dat hij met de Engelsen had gesloten, lukte het Ferrand van Portugal, graaf van Vlaanderen, de Franse vloot voor Damme te verslaan. De Franse koning Filips II bijgenaamd Augustus wreekte deze nederlaag en versloeg in juli 1214 te Bouvines een leger bestaande uit Vlamingen, Brabanders, Engelsen en Duitsers. De eveneens aanwezige Ferrand van Portugal werd gevangengenomen en pas twaalf jaar later vrijgelaten. Graaf Gwijde van Dampierre onderging hetzelfde trieste lot in 1300. Hij had in 1300 ook een verbond met de Engelsen gesloten, dit keer tegen Filips de Schone. Deze zette hem te Compiègne gevangen en beval de aanhechting van Vlaanderen aan Frankrijk. De patriciërs of Leliaards (aanhangers van de Franse lelie) maakten gemene zaak met hem, zodat hij het land kon bezetten. Maar de talrijke ambachtslieden, die al sinds jaren het schrijnende machtsoverwicht van de patriciërs met lede ogen aanzagen, staken het hoofd op. Zowat overal in Vlaanderen kwam het tot rellen beraamd door en uiterlijk nogal spichtig mannetje, Pieter de Coninck. De nogal ongecontroleerde beweging kreeg pas echt de wind in de zeilen, toen het door alle steden aanvaarde grafelijke huis zich aan het hoofd van de opstandigen stelde en Willem van Gulik, Jan van Namen en diens broer Gwijde de leiding overnamen. Democratie en dynastie hadden elkaar gevonden.

Op 18 mei 1302 bij het ochtendgloren barstte het onweer los. Nog vooraleer de te Brugge gestationeerde Franse krijgslieden zich de slaap uit de ogen hadden gewreven, staken de Klauwaards (de naam verwijst naar de klauwen van de klimmende leeuw in het wapen van Vlaanderen) de bewakers neer, maakten zich meester van de stadspoorten en gingen zich in het schemerdonker te buiten aan moord en manslag. Terwijl de enen in bed werden omgebracht, kwamen anderen op de straathoeken om het leven. De Franse gouverneur J. de Châtillon ontsnapte ternauwernood aan de dood en vluchtte naar een burcht te Kortrijk. Vanuit Brugge breidden de sociale onlusten zich uit over het hele land, zelfs tot in het prinsbisdom Luik. In Vlaanderen zelf hadden ze een nationaal karakter.

Filips de Schone hoopte nog het tij te kunnen keren en stuurde een sterk leger van ridders met aangegespt harnas en gulden sporen aan hun schoeisel naar Groeninge. Daar, vlak bij Kortrijk, bracht een volksleger van boeren en ambachtslui, maar onder het bevel van enkele edelen die graaf Gwijde niet in de steek hadden gelaten, ze een verpletterende nederlaag toe. De Brugse Metten waren geen loze belofte geweest : het democratische beleid werd hersteld en het geslacht van Gwijde van Dampierre kwam weer aan de macht. De graaf eiste bovendien dat er voortaan vertegenwoordigers van de ambachten in het schepencollege en in de gemeenteraad van Brugge zouden zetelen.

Ondanks oorlog, hongersnood en pest — in 1316 stierven 2 000 Bruggelingen, d.w.z. 5 % van de bevolking aan de pest — waren de 13de en de 14de eeuw de schitterendste van de geschiedenis van Brugge. Het werd de spil van de laken- en textielhandel in Europa, de draaischijf van de transitohandel in grondstoffen en afgewerkte produkten van de wereld van toen.

Ondertussen tooide Brugge die Scone zich met een heel parelsnoer prachtige gebouwen. Bij de Romaanse kerken gewijd aan St.-Donaas, St.-Salvator, St.-Basilius en bij het St-Janshospitaal voegden de vroeg-gotische een glans die weldra al het overige zou overstralen : de O.-L.-Vrouwekerk, de St.-Jacob- en de St.-Gilliskerk, het Begijnhof. En de poorters hielden gelijke tred met de geestelijkheid : de Hallen, het Belfort en het stadhuis, waarvan de eerste steen door Lodewijk van Male werd gelegd, werden uit de grond gestampt. En dan hebben we het nog niet eens gehad over de trotse patriciërshuizen, de talrijke gildehuizen, de stenen bruggen die in de plaats kwamen van houten bruggetjes. De buitenlandse kooplieden deden eveneens hun duit in het zakje, zoals blijkt uit de natiehuizen waarop de tand des tijds geen vat schijnt te hebben.

Op het einde van de 14de eeuw begon op economisch en politiek vlak de weliswaar nog stralende herfsttijd van Brugge. De verzanding van het Zwin was niet meer te keren, de Vlaamse lakenweverij verrijkte Brugge niet meer en het meer vooruitstrevende Antwerpen werd hoe langer hoe welvarender. Nog volstonden het culturele prestige evenals de pracht en praal van de hertogen van Bourgondië om de tekenen van dit verval aan het oog te onttrekken, maar in 1338, toen de nieuwe stadsomwalling werd gebouwd, had Brugge al het eivormige stadsplan dat het zou behouden tot op het einde van de 19de eeuw.

Filips de Goede, Karel de Stoute en Maria van Bourgondië vertoefden graag in Brugge, waarschijnlijk omdat de politieke en sociale strubbelingen er minder talrijk en minder hevig waren dan in Gent. In 1429 trouwde Filips de Goede met Isabella van Portugal in het te dezer gelegenheid geheel en al vernieuwde Prinsenhof. Honderden schilders, beeldhouwers en vaklieden van alle slag waren aangeworven om de residentie om te toveren tot een paleis dat de woonsteden van de rijkste Franse prinsen zou evenaren. De vertrekken waren met wandtapijten bespannen en op prachtige wijze gestoffeerd. Men had zelfs niet vergeten voor de badlustigen een sierlijk badhuis op te richten met vertrekken waarin badkuipen stonden en andere waar stoombaden konden worden genomen. In 1429 zat de groothertog in hoogsteigen persoon het plechtige ordekapittel van de Orde van het Gulden Vlies voor, dat in de St.-Salvatorkerk te Brugge werd gehouden. Ter gelegenheid van het huwelijk van Karel de Stoute met Margaretha van York hadden eveneens schitterende feestelijkheden te Brugge plaats. Ook het groots opgezette Feest van de Gouden Boom is vermeldenswaard. De luister van de bouwkunst, waarin toen de laat-gotische stijl de scepter zwaaide, begon ook nog niet te tanen, al werden er haast geen nieuwe kerken gebouwd om de eenvoudige reden dat het aantal bestaande kerken volstond. De door het geslacht der Adornes gebouwde Jeruzalemkerk is in dit

gouvernement démocratique fut rétabli et le pouvoir restitué à la dynastie naturelle des Dampierre. Le comte exigea que les métiers fussent désormais représentés dans le collège des échevins et le conseil de la commune de Bruges.

En dépit des guerres, de la famine et de la peste de 1316 — le magistrat dut enlever quelque 2.000 cadavres, soit cinq pour cent de la population — les XIIIe et XIVe siècles correspondent à l'apogée de Bruges. Elle devint la plaque tournante européenne du commerce de la laine et du textile, comme aussi le lieu de transit des matières premières et marchandises du monde alors connu, depuis les métaux d'Allemagne et de Grande-Bretagne jusqu'aux fourrures de Russie, depuis les étoffes orientales et les épices de l'empire byzantin jusqu'aux produits tropicaux d'Afrique du Nord.

Dans le même temps, la ville se couvrit de sa parure architecturale. Aux structures romanes de Saint-Donatien, Saint-Sauveur, Saint-Basile et de l'hôpital Saint-Jean s'ajoutèrent les premiers apports du gothique qui ne tarda pas à être dominant dans la ville : Notre-Dame, Sainte-Walburge, Saint-Jacques, Saint-Gilles, le béguinage. Les bourgeois rivalisèrent avec les ecclésiastiques; ils édifièrent les halles, le beffroi et l'hôtel de ville, dont la première pierre fut posée par Louis de Male. Sans compter les robustes demeures patriciennes, les locaux des corporations, les ponts en pierre qui remplacèrent les ponts en bois. Bien sûr, les riches marchands étrangers ne demeurèrent pas en reste, comme en témoignent encore quelques-unes de leurs maisons de « nation ».

A la fin du XIVe siècle, le rayonnement économique et politique de Bruges amorça son déclin. Non seulement à cause de l'irréversible ensablement du Zwin, mais aussi parce que la décadence de l'industrie textile flamande appauvrissait le marché brugeois et parce qu'Anvers, moins protectionniste, entrait dans sa phase de prospérité grandissante. Toutefois, ce délin ne tarda pas à être largement masqué par le prestige culturel et le faste que les ducs de Bourgogne donnèrent à la ville qui, depuis la construction de la nouvelle enceinte en 1338, avait pris la forme ovale qu'elle conservera jusqu'au XIXe siècle.

Philippe le Bon, Charles le Téméraire et Marie de Bourgogne séjournaient volontiers à Bruges, sans doute parce que les affrontements politiques et sociaux y étaient moins fréquents et moins tumultueux qu'à Gand. C'est à Bruges qu'en 1429, Philippe le Bon épousa Isabelle de Portugal, au Prinsenhof qu'il fit transformer de fond en comble. Plusieurs centaines de peintres, sculpteurs et gens de métier furent recrutés pour rendre cette demeure digne de rivaliser avec les palais des princes les plus riches de France. Les appartements furent luxueusement meublés et ornés de tapisseries. Un élégant édifice fut même construit pour abriter les « baigneries » par immersion et par étuves.

En 1429, le Grand Duc d'Occident présida le chapitre de l'Ordre de la Toison d'or qui se tint en l'église Saint-Sauveur. C'est à Bruges également qu'eurent lieu les éblouissantes festivités du mariage de Charles le Téméraire avec Marguerite d'York et le déploiement de faste de la fête de l'Arbre d'Or.

A la faveur du lustre persistant de la cité, l'activité architecturale en style gothique tardif se maintint. Moins dans la construction d'églises — les besoins des paroisses étaient généralement couverts — que dans celle de bâtiments civils. Il importe cependant de signaler, outre la construction de l'église de Jérusalem, fondée par la famille Adornes, maints agrandissements et ajouts : la chapelle rayonnante de Saint-Sauveur, la cinquième nef de Notre-Dame et le portail du Paradis, l'achèvement de Saint-Jacques et de Saint-Gilles, l'église et plusieurs salles de l'hôpital Saint-Jean, etc.

Pendant ce temps-là, on termina la construction de l'hôtel de ville, on suréleva la partie carrée du beffroi d'un étage octogonal, on édifia notamment la Poortesloge et la Tolhuis, la maison du consul de Gênes et celle de la Hanse teutonique, le palais Gruuthuse, les hôtels Adornes, Bladelin, de Watervliet.

Le prestige européen des ducs de Bourgogne, la présence à Bruges des Arnolfini, Tani, Portinari et autres hommes d'affaires italiens qui joignaient à leurs activités commerciales et financières la recherche d'œuvres d'art, l'habitude des magistrats de la ville et du Franc, des guildes et des fabriques d'église, des patriciens et des marchands de commander des œuvres peintes, autant de raisons qui expliquent l'arrivée de nombreux peintres dans la Bruges du XVe siècle. Ils avaient en commun un immense talent, la maîtrise de la technique de la peinture à l'huile et, pour les plus grands, le fait de n'être pas natifs de la ville où ils s'illustrèrent. C'était le cas de Jean van Eyck le Mosan, Petrus Christus le Campinois, Hans Memling le Rhénan, Gérard David le Hollandais, Hugo van der Goes le Gantois. En même temps que des dizaines d'autres peintres brugeois ou venus de l'extérieur, ils firent de Bruges un centre de création artistique exceptionnellement rayonnant.

Après la mort accidentelle de la duchesse Marie de Bourgogne, en 1482, les Brugeois, croyant pouvoir exploiter les incertitudes du moment, se révoltèrent contre son mari Maximilien d'Autriche. Ils le prirent comme otage et l'enfermèrent en l'hôtel du Cranenburg. Il se trouva une voix raisonnable pour les désapprouver : Pierre Lanchals, écoutète de la ville. Les Brugeois, furieux, le mirent à mort. Selon la légende, Maximilien, lorsqu'il retrouva la liberté, se souvint de ce citoyen loyal. Il constata que son nom, en flamand, signifiait « long cou » et qu'un cygne figurait dans son blason. Aussi exigea-t-il de la ville de Bruges qu'en expiation, elle entretînt perpétuellement des cygnes sur ses canaux.

Quelques années plus tard, voyageant dans les Pays-Bas en 1495, le médecin allemand Jérôme Münzer voulut voir Bruges de haut : « Nous avons gravi les 380 degrés de la tour la plus haute et j'ai pu estimer que le pourtour de la cité est égal à celui de Milan en Lombardie. La ville est construite suivant un plan circulaire, avec un rempart très puissant qui l'entoure en doublant les portes de façon à permettre un tir de défense, et, en plus de cela, un grand remblai. Au-dessus de ce remblai et sur toute l'étendue de l'enceinte circulaire, on voit au moins trente à quarante moulins à vent. Par delà ce large remblai, se trouvent deux fossés pleins d'eau; ils sont larges et profonds et constituent une bonne fortification pour la ville. »

Après quoi, l'érudit bourgeois de Nuremberg descendit de la tour et se mêla à la foule. Pour son plus grand plaisir, semble-t-il. « Les gens, observa-t-il, sont très aimables et très sociables. Les hommes portent de beaux atours; leurs vêtements sont longs comme ceux que portent les ecclésiastiques. Les femmes, elles, sont très belles, menues de corps; elles s'habillent bien, souvent en rouge très vif. Elles sont très portées à l'amour et tout autant à la religion. Car, dans toutes ces régions du nord-ouest, on va aux extrêmes : ou tout ou rien. Cette constatation est facile à faire que ce soit de l'habillement et de quelque autre coutume que ce soit. »

Venue à Bruges en l'an 1301, en compagnie de son mari Philippe le Bel, la reine Jeanne de Navarre s'était également étonnée de la beauté et de l'élégance des femmes. « Qu'est-ce ceci ? » s'était-elle écriée avec dépit. « Je pensais être seule reine et j'en trouve ici par cents. »

« Il est une place, continue Jérôme Münzer, où se réunissent les marchands; on l'appelle la *Bourse*. C'est là que se réunissent Espagnols, Italiens, Anglais, Allemands, Osterlins, bref toutes les nations. Là certaines rues sont réservées aux Espagnols, d'autres aux maisons des Florentins, aux Gênois. Les Osterlins ont un fort bel *atrium* et une magnifique demeure où se dresse une haute tour joliment ornée. Et aux alentours, sous terre, sont les caves où ils vendent leurs marchandises... »

Le 18 avril 1515, Charles-Quint, accueilli par sa tante Marguerite d'Autriche, fit sa Joyeuse Entrée dans les rues de Bruges sous des arcs de triomphe de style Renaissance. Il revint souvent dans la ville où était inhumée sa grand-mère Marie de Bourgogne. A l'opposé des Anversois, les Brugeois ne bénéficièrent pas de l'expansion économique du début du XVIe siècle. Ils n'en fêtèrent pas moins chaleureusement la victoire de l'empereur sur François 1er, à Pavie en 1525, et le Franc de Bruges fut doté d'une monumentale cheminée, conçue par Lancelot Blondeel à la gloire de la dynastie.

Sous Charles-Quint, la Renaissance, en quelque sorte introduite par les arcs de triomphe de 1515, s'imposa plus rapidement à Bruges que dans les autres villes des Pays-Bas. Le nouveau portail de l'ancien palais du Franc et le portail de la chapelle du Saint-Sang portent déjà l'empreinte du style nouveau. Celui-ci domina ensuite dans la façade du Greffe civil ainsi que dans les portails et encorbellements de nombreux hôtels particuliers.

En peinture, Gérard David et Adriaan Isembrant avaient assuré la transition, Ambroise Benson — d'ailleurs originaire d'Italie — prit le relais, suivi d'Albert Cornelis, Lancelot Blondeel, Jean Provoost, Frans et Pieter Pourbus, la famille Claeissens et Jan de Momper. Mais c'est dans l'art de la sculpture, de la tapisserie, du vitrail et du mobilier que l'on perçoit le mieux la progression de l'esthétique de la Renaissance à Bruges.

opzicht een uitzondering. Wel werden enkele sacrale bouwwerken vergroot. De noemenswaardige vergrotingen zijn de kooromgang van de St.-Salvatorkerk, de vijfde beuk van de O.-L.-Vrouwekerk, het paradijsportaal, de afwerking van de St-Jacobs- en van de St.-Gilliskerk, verscheidene nieuwe zalen in het St.-Janshospitaal. Tegelijkertijd werd het stadhuis voltooid en de achtkantige « lantaarn » aan het Belfort toegevoegd, werden de Poortersloge, het Tolhuis, de Genuese Loge, het huis van de hanzesteden, het Gruuthusepaleis, de hoven Adornes, Bladelin, van Watervliet gebouwd.

Het prestige van de hertogen van Bourgondië, de aanwezigheid te Brugge van Arnolfini, Tani, Portinari en andere Italiaanse zakenlieden, die niet alleen op financieel en commercieel vlak bedrijvig waren, maar ook kunstwerken verzamelden, de ijver waarmee de stadsmagistraat, het Brugse Vrije, gilden, kerkbesturen, patriciërs en kooplieden schilderijen bestelden, dit allemaal verklaart enigszins waarom de schilders van heinde en verre naar Brugge toestroomden. Hun gemeenschappelijke kenmerken waren hun ontzaglijk talent, het technische meesterschap in het omgaan met de olieverf en ook het feit dat de belangrijksten onder hen niet geboren en getogen waren in de stad die hun een groot deel van haar roem te danken heeft : Jan van Eyck was afkomstig uit de Maasstreek, Petrus Christus uit de Kempen, Hans Memling uit het Rijnland, Gerard David uit Nederland, Hugo van der Goes waarschijnlijk uit Gent. Samen met tientallen andere al dan niet te Brugge geboren schilders maakten ze van Brugge een kunststad met een enorme uitstraling.

Na het dodelijk ongeval van Maria van Bourgondië in 1482 meenden de Bruggelingen dat ze de onzekerheid der komende dingen in hun voordeel zouden kunnen wenden door in opstand te komen tegen de echtgenoot van Maria van Bourgondië, Maximiliaan van Oostenrijk. Ze gijzelden hem en sloten hem op in Craenenbrug. De schout Pieter Lanchals was de enige die een waarschuwende stem liet horen en de keizer trouw bleef. Hij werd door zijn woedende medeburgers onthoofd. Volgens de legende vergat Maximiliaan die trouwe onderdaan niet, toen hij weer op vrije voeten was gesteld. Al piekerende stelde hij vast dat « Lanchals » eigenlijk « lange hals » betekende. En voerde die Lanchals geen zwaan in zijn wapen ? Daarom legde hij de Bruggelingen een boete op : tot het einde der tijden moeten ze witte zwanen op de Brugse wateren blijven onderhouden...

Een paar jaar later bereisde de Duitse geneesheer Jeroom Münzer de Lage Landen. Hij wilde Brugge uit de hoogte zien : « We gingen de 380 trappen van de hoogste toren op. Naar mijn schatting is de oppervlakte van de stad even groot als die van Milaan in Lombardije. De stadsaanleg is cirkelvormig. Brugge is omringd door stevige wallen, die de toegangspoorten beschermen en aldus afweervuur mogelijk maken, en bovendien door een brede, hoge aarden dam. Op deze dam staan minstens dertig à veertig windmolens, gespreid over de hele omtrek van deze kringvormige verdedigingsgordel. Aan de overkant daarvan zijn er nog liefst twee grachten vol water die het verdedigingssysteem nog efficiënter maken. »

Daarna mengde de geleerde inwoner van Neurenberg zich onder het volk, blijkbaar tot zijn groot genoegen, want hij schrijft : « De mensen zijn zeer vriendelijk in de omgang. De mannen zijn er netjes uitgedost en dragen lange gewaden zoals de geestelijken. De vrouwen zijn zeer mooi, klein van gestalte en slank. Ze gaan mooi gekleed, vaak in fel rood. Ze haken evenveel naar zinnelijk genot als ze snakken naar geestelijke troost. Inderdaad, in alle contreien van het noordwesten vallen de mensen van het ene uiterste in het andere : het is alles of niets. Dat is gemakkelijk te zien aan hun kledij en aan al hun andere leefgewoonten. »

Toen koningin Joanna van Navarra in gezelschap van haar echtgenoot Filips de Schone in 1301 naar Brugge kwam, stond ze verbaasd van de schoonheid der vrouwen en de pracht van hun kleren : « Wat heeft dat te betekenen ? », riep ze naijverig uit, « Ik dacht dat ik alleen hier koningin was, maar ik zie er honderden. »

Jeroom Münzer vertelt verder : « Er is een plaats waar de kooplieden elkaar ontmoeten, namelijk de Beurs. Daar komen Spanjaarden, Italianen, Engelsen, Duitsers, Oosterlingen, kortom alle naties samen. Bepaalde straten zijn voorbehouden aan de Spanjaarden, in andere zie je alleen huizen van Florentijnen of Genuezen. De Oosterlingen hebben een mooi atrium en een prachtige woning met een fraai versierde toren. In de kelders onder het hele gebouw liggen hun goederen opgestapeld en worden ze te koop aangeboden. »

Op 18 april 1515 verwelkomde Margaretha van Oostenrijk haar neef Karel V te Brugge ter gelegenheid van diens Blijde Inkomst in de stad. Te zijner ere waren overal triomfbogen in renaissancestijl opgericht. Karel V kwam later nog herhaaldelijk terug naar de stad waar zijn grootmoeder begraven ligt. In tegenstelling met Antwerpen trok Brugge echter haast geen voordeel uit de economische groei in het begin van de 16de eeuw. Desniettemin vierden de Bruggelingen op uitbundige wijze de overwinning die de keizer de 24ste februari 1525 te Pavia op Frans I van Frankrijk had behaald. Ter ere van het vortenhuis schiep Lanceloot Blondeel toen de enorme schouw die in het Landhuis (nu : Provinciaal Museum) van het Brugse Vrije troont.

Ten tijde van Karel V, als het ware onder de triomfbogen van 1515, deed de renaissance haar intrede in Brugge. Ze vond er vlugger ingang dan in de andere steden van de Lage Landen.

Nadat ze haar stempel had gedrukt op het voorportaal van het Landhuis van het Brugse Vrije en op det van de H.-Bloedkapel, vierde ze triomfen op de gevel van de Oude Griffie en in de portalen en uitkragingen van talrijke privéhuizen.

Wat de schilderkunst betreft zijn Gerard David en Adriaan Isembrant enigszins overgangsfiguren. Ze werden opgevolgd door A. Benson, die trouwens uit Italië afkomstig was, door A. Cornelis, L. Blondeel, J. Provoost, Frans en Pieter Pourbus, het geslacht van de Claeissins en J. de Momper. Nochtans is de ontwikkeling van de renaissance-esthetiek te Brugge duidelijker vatbaar in de beeldhouwwerken, wandtapijten, glas-in-loodramen dan in de werken van de Brugse schilders.

In 1469 ten tijde van Karel de Stoute telde Brugge officieel 316 armen aan wie bijstand werd verleend. In 1544, minder dan een eeuw later, stonden er 7 696 namen op de lijsten van de Tafels van de Heilige Geest van de zeven Brugse parochies. Al was dat aantal groot en al was de situatie zorgwekkend, er waren ten minste nog Tafels van de H. Geest om de behoeftigen hulp te bieden. Toen de politiek-godsdienstige opstand het hevigst woedde en Brugge van 1567 tot 1584 haast ononderbroken in de knel zat van fanatieke beeldstormers, was dat niet meer het geval. Hun repliek op de brandstapels van de Inquisitie waren niet minder afschuwelijke terechtstellingen en ze deinsden er niet voor terug religieuzen levend te verbranden. Bisschop Drieux werd aangehouden en in Gent gevangengezet. Het klooster van de augustijnen, de kerken St.-Jacob en St.-Gillis werden geplunderd, St.-Anna verwoest.

Nadat Alexander Farnese de Zuidelijke Nederlanden had heroverd, bracht de pacificatie van 1585 de geesten tot bedaren. De stadsmagistraat deed zijn best om de plaatselijke nijverheid nieuw leven in te blazen. Maar het mocht niet baten. Pas toen de aartshertogen Albrecht en Isabella (1598-1621) het roer in handen hadden, herleefde de hoop op voorspoediger tijden. De door calvinisten verwoeste kerken herrezen uit het puin en talloze altaren, beeldhouwwerken, biecht- en preekstoelen in triomfantelijke barokstijl verspreidden er de denkbeelden van de Contrareformatie. De cisterciënsers van Ter Duinen bouwden het huidige Groot Seminarie, de ongeschoeide carmelieten hun kerk in de Ezelstraat, de jezuïeten, de speerpunt van de Contrareformatie, de St.-Walburgakerk. In het klooster van de zusters in het St.-Janshospitaal werden eveneens twee nieuwe vleugels bijgebouwd. Ook heel wat patriciërshuizen uit de 18de eeuw en portalen — vooral van godshuizen — dragen de stempel van de barokstijl.

Konden de Brugse schilders uit die tijd iets anders doen dan in de voetstappen te treden van hun grote Antwerpse collega's Rubens en Van Dijck? In de St.-Salvatorskathedraal hangt werk van Jakob van Oost, de meest persoonlijke onder hen.

Het bewind van de aartshertogen was jammer genoeg slechts een adempauze. Zoals de Zuidelijke Nederlanden in hun geheel kreeg Brugge de weerslag te verwerken van de Spaanse nederlagen, van de Franse invasie en de bezetting door de troepen van Lodewijk XIV. Brugge probeerde zich te redden, het er levend van af te brengen, meer niet.

Op 1 juni 1706 verscheen de overwinnaar van de Zonnekoning, de Engelse hertog Marlborough voor de stadswal van Brugge. De inwoners lieten hem binnen, maar eisten de handelsvrijheid met Engeland. Er kwam een schijnbaar voordelig handelsverdrag tot stand, maar het Vlaamse kantwerk mocht Engeland niet binnen en van tolvrijheid was er geen sprake.

Pas onder het Oostenrijkse bewind, met name onder Maria Theresia en haar schoonbroer Karel van Lorreinen, kwam er een echte economische heropleving. Bij Dampoort werd een handelsdok voor schepen met grote diepgang aangelegd en het wegennet dat

En 1469, sous le règne de Charles le Téméraire, le nombre de pauvres secourus par la commune ne dépassait par le chiffre de 316. Moins d'un siècle plus tard, 7 696 personnes se trouvaient inscrites, en 1544, aux Tables du Saint-Esprit des sept paroisses de la ville. C'était considérable, voire angoissant, mais du moins y avait-il encore des Tables du Saint-Esprit pour aider les plus démunis. Ce ne fut plus le cas lorsqu'au plus fort de la révolution politico-religieuse contre Philippe II, le fanatisme des calvinistes se déchaîna sur Bruges de façon quasi continue, de 1567 à 1584. Plusieurs religieux furent brûlés vifs, réponse atroce aux bûchers non moins atroces de l'Inquisition. L'évêque Drieux fut arrêté et emprisonné à Gand. Le couvent des Augustins, les églises Saint-Jacques et Saint-Gilles furent livrées au pillage, tandis que l'église Sainte-Anne était ravagée.

Après la reconquête des provinces méridionales par Alexandre Farnèse, la pacification de 1584 calma les esprits. Le magistrat de la ville multiplia les efforts pour encourager la reprise des industries locales; il réorganisa même la Bourse dans les bâtiments des Halles. Mais le marasme persistait. Il fallut attendre le règne apaisant des archiducs Albert et Isabelle (1598-1621) pour voir renaître l'espoir d'un nouveau bien-être. Le réveil catholique suscita la reconstruction des églises dévastées par les calvinistes mais aussi la restauration des intérieurs dans le style triomphal du baroque: maîtres-autels, sculptures, confessionnaux, etc. Les Cisterciens de l'abbaye des Dunes furent à l'origine des bâtiments de l'actuel séminaire diocésain et les Carmes déchaussés édifièrent leur église dans l'Ezelstraat. Quant aux Jésuites, grands artisans de la Contre-Réforme, ils construisirent leur église, aujourd'hui dédiée à Sainte-Walburge. Deux ailes furent adjointes au couvent des sœurs de l'Hospice Saint-Jean. Par surcroît, le style baroque influença — notamment dans les portails — une trentaine de maisons-Dieu et quelques demeures patriciennes du XVIIe siècle.

Que pouvaient faire les peintres brugeois de l'époque baroque, sinon imiter les grands maîtres anversois Rubens et Van Dyck? Les œuvres de Jakob van Oost, le plus original d'entre eux, ornent la cathédrale Saint-Sauveur.

Les années Albert et Isabelle ne furent malheureusement qu'une parenthèse. Comme le reste des Pays-Bas, Bruges subit les remous de la débâcle espagnole puis, l'invasion et l'occupation par les troupes de Louis XIV. Elle luttait pour la survie. Sans plus.

Le 1er juin 1706, le duc de Marlborough, vainqueur des armées du Roi-Soleil, se présenta devant les portes de la ville. Les Brugeois les ouvrirent à la condition d'obtenir la libération du commerce avec l'Angleterre. Un traité apparemment généreux leur fut accordé mais il prohibait l'entrée des dentelles flamandes et imposait plusieurs droits de douane.

La véritable reprise économique ne se précisa que sous le régime autrichien, plus particulièrement sous le règne de Marie-Thérèse et le gouvernement général de son beau-frère Charles de Lorraine. Tandis qu'un bassin de commerce pour navires de haute mer était créé près de Dampoort, le développement du réseau routier relia Bruges aux principales villes du pays. Le marché aux laines et aux fils rétabli, de nouvelles industries textiles ne tardèrent pas à prospérer. Une verrerie fut fondée, puis la faïencerie de Hendrik Pulinx. Renouant avec le passé, la dentelle brugeoise se distinguait à nouveau par son raffinement. Deux signes révélateurs d'une activité retrouvée: de nouveaux magasins (packhuisen) furent construits en 1756, 1771 et 1778 et le magistrat de la ville prit des mesures sévères contre le travail de nuit.

Le style de nouveaux édifices est à l'image du temps, hésitant entre plusieurs esthétiques. Le baroque relayé par le rococo se maintint jusqu'au milieu du XVIIIe siècle, l'esprit classique se manifesta ensuite. De la sorte se précisait le visage de Bruges, assurément dominé par le gothique mais enrichi par les apports successifs de la Renaissance, du baroque, du rococo et du style classique.

A en juger par les tableaux de genre de Jan Garemijn, qui était directeur à l'Académie, la vie brugeoise ne manquait pas d'agrément au cours de la seconde moitié du XVIIIe siècle. Truculente vie populaire, évoquée à l'occasion du creusement du canal de Gand ou vie raffinée de salon, influencée par la mode française.

Bruges fut occupée à deux reprises par les révolutionnaires français. D'abord, assez brièvement, du 30 novembre 1792 au 30 mars 1793, ensuite, beaucoup plus longuement, à partir du 25 juin 1794 jusqu'à la défaite de Napoléon à Leipzig. Subissant le même sort que la cathédrale Saint-Lambert à Liège, l'église Saint-Donatien fut entièrement démolie. L'église des Jésuites fut affectée au culte de la déesse Raison. Le sarcophage de Marie de Bourgogne, en l'église Notre-Dame, fut fracassé, puis débité, et les ossements de la duchesse furent éparpillés. Les corporations furent supprimées et beaucoup de leurs maisons détruites. La Grand-Place s'appela désormais place Napoléon et le quai du Rosaire fut dédié à Voltaire.

Bruges devint le chef-lieu du département de la Lys. Sous le Consulat et l'Empire, le maire de la ville, trois adjoints et le Conseil étaient nommés par Napoléon. Ils firent ce qu'ils purent pour maintenir une certaine activité industrielle, un moment favorisée par le blocus continental, mais ils ne purent empêcher la conscription et l'enrôlement de jeunes Brugeois dans les armées, qui se firent massacrer dans les plaines de Russie.

Le Congrès de Vienne 1814-1815 attribua nos provinces au Royaume-Uni des Pays-Bas. Le département de la Lys devint la province de Flandre Occidentale dont Bruges restait le chef-lieu. L'indépendance belge acquise contre les Hollandais en 1830 ne modifia pas cette situation.

La révolution industrielle, amorcée sous le régime hollandais, se poursuivit au cours du XIXᵉ siècle mais elle n'atteignit guère la ville de Bruges, appauvrie, essentiellement vouée à l'artisanat et à la fabrication domestique de dentelles. On construisit cependant quelques édifices et maisons, tantôt dans le style néo-classique, tantôt en suivant la mode européenne du néo-gothique.

La somnolence économique de Bruges lui épargna les méfaits d'une urbanisation sauvage. En 1887, Léopold II se rendit à Bruges pour inaugurer le monument élevé sur la Grand-Place à la gloire de Breydel et de Coninck, les deux héros flamands de 1302.

Le souverain revint en 1905. Comme il l'avait fait en 1887 déjà, il plaida la cause de la sauvegarde du patrimoine architectural : « La ville de Bruges a raison de restaurer ses monuments, de garder soigneusement son cachet, de ne pas combler les fossés qui l'entourent, de maintenir ses vieilles portes et, par des modifications de voirie, de ne pas faire disparaître des demeures intéressantes. Je me réjouis de ce que l'on paraisse maintenant, ce qui n'as pas toujours été le cas, généralement d'accord sur ces points. » Mais le second roi des Belges avait aussi œuvré pour l'aménagement portuaire de Zeebrugge, jetant ainsi les bases d'un développement qui sortit enfin Bruges du marasme économique et la propulsa vers une réelle prospérité.

Mais Bruges-la-Vivante n'a rien perdu de la splendeur qui séduisait les admirateurs romantiques de *Bruges-la-Morte*.

Brugge met de andere grote steden van het land verbond, werd aanzienlijk verbeterd. De handel in wol en vlas bloeide weer op en er werden nieuwe textielondernemingen gesticht. Na de oprichting van een glasblazerij volgde die van de plateelbakkerij van H. Pulinx. De Brugse kant muntte weer uit door de verfijning die eeuwen geleden zijn roem had gevestigd. Twee andere tekenen van heropleving : in 1756, 1771 en 1778 werden nieuwe pakhuizen gebouwd en de stadsmagistraat moest forse maatregelen treffen om het nachtwerk tegen te gaan. Op bouwkundig vlak was dit tijdperk een overgangsperiode. Inderdaad, de rococostijl, die de tendensen van de barokkunst op speelse wijze had gevarieerd, handhaafde zich tot omstreeks 1750. Na deze datum deed het classicisme zijn invloed op min of meer zichtbare wijze gelden. Natuurlijk, het stadsbeeld van Brugge wordt voornamelijk door de gotische bouwwerken bepaald, maar de gotiek werd er door de eeuwen heen verrijkt door de veelvuldige aanwinsten die Brugge te danken heeft aan renaissance, barok, rococo en classicisme.

Voorzover de genrestukken van Jan Garemijn, directeur van de Brugse academie, een getrouw beeld geven van de toenmalige werkelijkheid, waren de Bruggelingen in de tweede helft van de 18de eeuw geenszins verstoken van opgewekte levenslust en levensblijheid. « Het delven van de Gentse Vaart » zit vol volkse uitbundigheid en op andere genrestukken is het verfijnde salonleven naar het voorbeeld van onze zuiderburen uitgebeeld. Twee keer werd Brugge door de Franse revolutionairen bezet, eerst van 30 november 1792 tot 30 maart 1793, dan tijdens de veel langere periode van 25 juni 1794 tot de nederlaag van Napoleon te Leipzig. Net zoals de St.-Lambertuskathedraal te Luik werd de St.-Donaaskerk te Brugge met de begane grond gelijk gemaakt, terwijl de nieuwe godin Rede in de jezuïetenkerk werd aanbeden. Het praalgraf van Maria van Bourgondië werd geschonden, delen ervan werden verkocht, de beenderen van de vorstin rondgestrooid. De gilden werden opgeheven en veel gildehuizen gesloopt. De Markt werd omgedoopt tot Napoleonplein en de Rozenhoedkaai werd « gewijd » aan Voltaire.

Brugge werd de hoofdplaats van het departement van de Leie. Ten tijde van het Consulaat en het Keizerrijk werden de burgemeester van Brugge, zijn drie nauwste medewerkers en de Raad door Napoleon benoemd. Zo goed en zo kwaad als het maar ging zorgden ze ervoor dat de nijverheid overeind bleef. Het continentaal stelsel was in dit opzicht voordelig, maar belette jammer genoeg niet dat honderden jonge Bruggelingen in het leger van Napoleon werden ingelijfd en kort daarna in de Russische laagvlakten om het leven kwamen.

Op het Congres van Wenen (1814-1815) besloten de grote mogendheden dat de Zuidelijke Nederlanden deel zouden uitmaken van het Koninkrijk der Nederlanden. Het departement van de Leie werd de provincie West-Vlaanderen, waarvan Brugge de hoofdplaats bleef. Na de Belgische Omwenteling van 1830 bleef deze situatie ook in het onafhankelijke België ongewijzigd.

De Hollanders hadden de industriële revolutie in het land op gang gebracht. Ofschoon deze revolutie in de loop van de 19de eeuw alsmaar verder om zich heen greep, bereikte ze het verpauperde Brugge met zijn ambachtslieden, zijn kantklossters en andere thuiswerkers haast niet. Wel werden er enkele gebouwen, o.a. natuurlijk huizen, opgetrokken, nu eens in neoklassieke, dan weer in de zowat overal in Eropa opkomende neogotische stijl.

De doornroosjesslaap van Brugge op economisch vlak had één voordeel : de bouwkundige wildgroei bleef Brugge bespaard. In 1887 onthulde koning Leopold II op de Markt van Brugge het standbeeld ter ere van Breydel en De Coninck, de twee Vlaamse volkshelden van 1302. In zijn toespraak wees hij erop hoe belangrijk het is dat het bouwkundig patrimonium in stand wordt gehouden : « Brugge doet er goed aan zijn bouwwerken te doen herleven, zijn eigen aard te bewaren, zijn vesten en stadspoorten niet te slopen, zijn stijlvolle huizen niet op te offeren voor de aanleg van een nieuw wegennet. Het verheugt ons dat er nu hierover eenstemmmigheid bestaat, hetgeen vroeger niet altijd het geval was. »

De tweede koning der Belgen stelde ook alles in het werk om de zeehaven van Zeebrugge als het ware vlot te maken. Zodoende legde hij de grondslag voor een ontwikkeling die het spook van de economische inzinking de kop indrukte en van Brugge weer een welvarende stad maakte.

Maar Brugge-de-Levende heeft de glans weten te bewaren die de romantische bewonderaars van Brugge-de-Dode bekoorde.

Old legends have long lives, such as the quite plausible one tracing the name of Bruges to the Flemish word *brug,* or bridge. In actual fact, the first mention of Bruges appears in 875 at the period when a landing stage on the site was used by the Anglo-Saxons and Scandinavians. The name Bruges thus comes from the Scandinavian word *Bryggja* meaning a mooring place.

At that time the high tides of the North Sea flooded the land beyond the present city, only a bit of high, sandy ground remaining uncovered, including an area on which there stood a fort, or « Burg ».

When Baudouin Bras-de-Fer became the first Count of Flanders in 864, he rebuilt the fort which was falling to pieces, making a real fortress where he kept the precious relics of St. Donatian, brought from Torhout. This fortress helped protect the people of Bruges from the Norsemen who ravaged the neighbouring monasteries. At that time Bruges coined its own money which suggests the presence of a market and of commercial transactions. In the following century three parish churches were built in the town, now traversed only by the *Roja,* the future Reie.

When the North Sea withdrew during the 10th century, it left behind a large, indented estuary, the Zwin, into which the Reie flowed. As early as the 11th century, the Burg attracted many foreign visitors, such as Gunhilde, sister of Harold, the last Anglo-Saxon king, who sought refuge there after the Battle of Hastings and died there in 1087. Her lead funerary plaque is now in the Cathedral treasury. The ship of Emma, sister of Duke Richard of Normandy, moored close to the Burg in 1037. "This castle", states an account of her exile, "is famed for being most luxurious." This is confirmed in a letter by Gervais, Bishop of Rheims who described the abundant wealth, the fertility of the formerly uncultivated soil, the many orchards, the meadows full of flocks and even the vineyards introduced by Baudouin V of Lille.

In the 11th and 12th centuries, Bruges had a flourishing commerce. Its merchants travelled to foreign parts, mainly London and Germany, to buy and sell. From the early 12th century foreign traders, especially the Danes and Italians, came to Bruges for loads of Ypres cloth that they traded as far as Novgorod and, by means of the fairs of Champagne, in the Mediterranean basin. At this time, anyone residing in the city, for a certain length of time, even though formerly a serf, gained the status of a free man. As in other Flemish towns, the patricians ruled the other citizens.

The good relations between the Count and the burghers, based on mutual economic interests, worried some of the nobility. Under the reign of Charles the Good, grandson of Robert the Frisian, some of these local lords reproached the Count for not allowing them to settle their disputes by force of arms. They were supported by the scheming and corrupt Bertoux, Provost of the Chapter of St. Donatian and Chancellor of Flanders. The times were ripe for a conspiracy. Bruges had attracted many drifters and adventurers, seeking their fortunes and ready to meddle. On March 2, 1127, Charles the Good who was attending Mass at St. Donatian's, was stabbed in the back by a sword wielded by a nephew of the Provost. When the news of the murder spread, the majority of Flemish towns took arms to avenge the death of the *bonus comes,* soon considered a martyr. The people of Bruges, wishing to continue their business affairs, quickly disassociated themselves from the assassins.

Since Charles the Good was childless, King Louis VI of France, as the suzerain of a Crown fief, named as his successor Guillaume Cliton, grandson of William the Conqueror and of Matilda, daughter of Count Baudouin VI of Flanders. Following the example of other Flemish towns, Bruges agreed to ratify this choice only after the new Count and King Louis, who came to Bruges for the event, accepted a charter giving the towns the right to organize their own administration and to administer justice. This was a most important measure, and Guillaume Cliton was not long in revoking some of the privileges, which led to a rebellion against the faithless Count.

Louis VI tried vainly to support his protégé who was killed at the siege of Aalst on July 27, 1128. Thierry of Alsace, a cousin of Charles the Good, was proclaimed Count of Flanders after having sworn to respect the town's rights. All Louis VI could do was receive his homage and his oath of fealty and invest him as Count.

A period of consolidation and expansion ensued. As Professor

Es gibt Volksetymologien, gegen die nicht nur die Gelehrten, sondern vielleicht sogar die Götter vergebens kämpfen. So liegt für einen Flamen kaum etwas näher, als den Namen « Brügge » von « bruggen » d.h. Brücken abzuleiten, zumal die Stadt ja reich an Brücken ist. Doch, wenn der Name 875 zum erstenmal auftaucht, ist Brügge ein Landungsplatz, an dem vor allem angelsächsische und skandinavische Schiffe anzulegen pflegen. Deshalb führt man den Namen auf das skandinavische bryggia d.h. Landungsbrücke zurück. Die Volksetymologie ist also im vorliegenden Falle nicht völlig abwegig, doch unvollständig.

Vor unvordenklichen Zeiten genügte die ansteigende Flut, um die Gegend bis weit über Brügge hinweg unter Wasser zu setzen. Aus dem Wasser ragten ein paar sandige Hügel heraus, u.a. der spätere Marktplatz mit seiner Burg.

Balduin I., « Eisenarm » genannt, seit 864 der erste Graf Flanderns, baute diese halb verfallene Burg zu einer Festung aus und ließ die in Torhout aufbewahrten Reliquien des hl. Domitian in die Festung überführen. In den Jahrzehnten der normannischen Eroberungszüge, unter denen vor allem die Klöster aus der Umgebung zu leiden hatten, wurde sie eine Zufluchtsstätte. Aber man schlug auch bereits Münzen in Brügge, was auf marktähnlichen Handelsverkehr schließen läßt. Die Stadt, durch die nur noch die später Reie genannte Roja floß, zählte im nächsten Jahrhundert bereits drei Pfarrkirchen. Als sich die Nordsee im Laufe des 10. Jh. zurückzog, bildete sich das Zwin, eine bogenförmige Bucht, in die die Reie einmündete. Im 11. Jh. waren auf der Burg bereits zahlreiche Ausländer zu Gast, u.a. Gunhilde, die Schwester des letzten angelsächsischen Königs Harold. Nach der Schlacht von Hastings fand sie Zuflucht in Brügge, wo sie 1087 starb. In der Schatzkammer der Kathedrale kann man heute noch den bleiernen Deckel ihres Grabes sehen. Bereits 1037 hatte das Schiff Emmas, der Schwester des Herzogs Richard von Normandien, am Kai in der Nähe der Burg angelegt. In dem Bericht über ihre Verbannung heißt es : « Diese Burg ist bekannt wegen der vielen Kaufleute, die man da trifft, und der vielen kostbaren Waren, die man da kaufen kann. » Gervais, Bischof von Reims, bestätigt dies, wenn er den großen Reichtum dort beschreibt : die reichen Ernten auf früher brach liegenden Grundstücken, die zahlreichen Obstgärten, die Herden auf den Weiden, sogar den Weingarten, den der auch Balduin aus Lille genannte Balduin V. anlegen ließ.

Im 11. und 12. Jh. nahmen die Brügger Kaufleute noch ganz aktiv am Geschäftsleben teil. Sie fuhren selbst ins Ausland, vor allem nach London und nach Deutschland, um dort Handel zu treiben. Vom Anfang des 12. Jh. an kaufen jedoch auch ausländische Kaufleute, hauptsächlich Dänen und Italiener, in Brügge Partien Tuch aus Ypern, um sie in Nowgorod oder, auf den Jahrmärkten in der Champagne, an Kunden im Mittelmeerraum zu verkaufen. Es war die Zeit, als Stadtluft frei machte. Jeder Leibeigene, der sich einige Zeit in einer Stadt aufgehalten hatte, wurde freier Bürger. Doch wie in den anderen flämischen Städten hatten auch in Brügge die Patrizier die Macht in Händen.

Daß der Graf und die Bürgerschaft die gleichen wirtschaftlichen Interessen verfolgten, war jedoch manchen Adligen ein Dorn im Auge. Einige ortsansässige Adlige waren unzufrieden über Karl den Guten, den Enkel Roberts des Friesen, weil er ihnen untersagte, Gewalt anzuwenden, um ihre Macht durchzusetzen. Der Propst des Kapitels der Donatianskirche und Kanzler Flanderns, ein pflichtvergessener Intrigant, ergriff für sie Partei. Die Lage schien günstig, denn es fehlten in Brügge nicht an entwurzelten Abenteurern, waghalsigen Glücksrittern und Unruhestiftern. Am 2. März 1127 wurde Karl der Gute meuchlings erstochen, während er in der Donatianskirche dem Gottesdienst beiwohnte. Der Mörder war ein Neffe des Propstes. Um den Tod ihres « guten Grafen », der wie ein Märtyrer gestorben war, zu rächen, griffen die meisten Städte Flanderns alsbald zu den Waffen. Die Brügger, die vor allem ihre Handelsbeziehungen im Auge behielten, distanzierten sich eifrigst vom Mörder und seinen Komplizen.

Da Karl der Gute kinderlos gestorben war, ernannte sein Feudalherr, der französische König Ludwig VI., Wilhelm Cliton, den Enkel Wilhelm des Eroberers und Mathildes, der Tochter Balduins VI., zu seinem Nachfolger. Wie den anderen flämischen Städten blieb Brügge nichts anderes übrig, als dieser Wahl zuzustimmen, doch sowohl der neue Graf wie der aus diesem Anlaß nach Brügge gekommene König Ludwig VI. mußten den Städten in einem Freibrief ihre Privilegien bestätigen, ihr Recht auf Selbstverwaltung und eigene Rechtsprechung anerkennen. Wilhelm Cliton versuchte in der Folge, einige der gewährten, wichtigen Privilegien zu widerrufen, doch diesen Meineid beantworteten die Städte mit einem Aufstand.

Ludwig VI. versuchte vergeblich, seinem Schützling unter die Arme zu greifen, doch dieser kam am 27. Juli 1128 bei der Belagerung der Stadt Aalst ums Leben. Dietrich von Elzaß, ein Vetter Karls des Guten, wurde zum Grafen von Flandern ausgerufen, nachdem er geschworen hatte, er werde die Privilegien der Städte nicht schmälern. Jetzt hatte Ludwig VI. das Nachsehen.

Er sah sich gezwungen, Dietrichs Huldigung entgegenzunehmen und ihn mit der Grafschaft zu belehnen. Auf diese Ereignisse folgte eine Zeit, in der die expandierenden und die stabilisierenden Kräfte einander die Waage hielten. Prof. Wim Blockmans schreibt: «Der flämische Hochadel wurde so sehr durch die Kreuzzüge in Anspruch genommen, daß er im eigenen Land kaum noch eine nennenswerte Rolle spielte. Die Städte und die Verwalter führten das große Wort.» Dietrich von Elzaß folgte dem Aufruf des hl. Bernard und zog viermal ins Heilige Land. Während eines seiner Feldzüge schenkte ihm der Patriarch von Jerusalem die Ampulle, in der Nikodemus und Joseph von Arimathea auf dem Kalvarienberg einige Tropfen von Christi Blut aufgefangen hatten. Der Graf und Kreuzritter beschloß, sie der Stadt Brügge zu schenken, und trug seinem Kaplan Leo von St.-Bertin auf, sie dorthin zu bringen.

Am 7. April 1150 kehrte Dietrich nach Flandern zurück. Ganz Brügge war begeistert. Die Fahnen der Zünfte flatterten im Wind, vor den Häusern der Patrizier hingen große Wandteppiche und auf den Boden hatte man Blumen gestreut. Spätestens seit dem 13. Jh. gedenken die Brügger alljährlich dieses Ereignisses im Monat Mai. Wie ein farbenfrohes Band ziehen dann Gruppen unbezahlter Mitwirkender durch die Straßen und stellen die Geschichte der Menschheit dar, die durch Christi Blut erlöst wird. Die Ankunft des prachtvollen, vom Brügger Goldschmied J. Crabbe zwischen 1614 und 1617 verfertigten Schreins des Hl. Bluts bildet natürlich den Höhepunkt der Feierlichkeiten.

Damals war die Oude Burg (Alte Burg) noch das Herz der Stadt. Seit ungefähr 1100 umschlossen die Stadtmauern ein 86 ha großes Gebiet, das die Schiffe nur noch bei ansteigender Flut erreichten. Schon hatte man Damme zu einem Vorhafen ausgebaut, während der Handel zu Land in jährlichen Handelsmessen gipfelte. Im 13. Jh. eröffneten die Italiener und die Deutschen ihre Kontore in der Stadt. Bald folgten die Engländer, die Schotten, die Spanier, die Katalanen, die Basken, die Genueser, die Florentiner, die mailändischen Kaufleute und die aus Lucca...

Die französischen Könige hofften immer noch, daß reiche Flandern schlichtweg annektieren zu können, da es ihrer Lehnsherrschaft unterstand. Dank dem Bündnis, das er mit England geschlossen hatte, gelang es dem Grafen Ferrand von Portugal, die einen Angriff planende französische Flotte vernichtend zu schlagen. Philipp II., auch Philipp-August genannt, rächte sich bei Bouvines, wo er 1214 die Heere der verbündeten Flamen, Drabanter, Engländer und Deutschen besiegte. Der auf dem Schlachtfeld gefangengenommene Ferrand von Portugal verbrachte anschließend zwölf Jahre im Gefängnis. Im Jahre 1300 ereilte das gleiche Los Guido von Dampierre. Er hatte sich auch mit den Engländern verbündet, diesmal gegen Philipp den Schönen. Dieser sperrte seinen Vasallen in Compiègne ein und befahl die Annexion Flanderns an die Krondomäne. Mit Hilfe der Patrizier oder Leliarts (Anhänger der Lilie, d.h. des französischen Königshauses) gelang es ihm, das Land zu besetzen. Die Handwerker, die seit langem die völlige Machtkonzentration in den Händen der reichen Kaufleute beargwöhnten, widersetzten sich. Überall in Flandern gab es Unruhen, die von dem anscheinend schwächlichen Volkstribun Pieter de Coninck in Szene gesetzt wurden. Doch die mehr schlecht als recht organisierte Bewegung wurde erst wirklich schlagkräftig, als das gräfliche Haus von allen Städten anerkannte Führer an ihre Spitze stellte: Wilhelm von Jülich, Jean von Namur und dessen Bruder Guido. Demokratie und gräfliche Dynastie waren sich einig geworden und verfolgten dieselben Ziele.

Am 18. Mai 1302 beim Morgengrauen entlud sich das Ungewitter. Während die französischen Kriegsleute in Brügge noch schliefen, stachen die Klauwarts (Anhänger der Klauen d.h. Tatzen des Löwen von Flandern) die Wache nieder, bemächtigten sich der Stadttore und veranstalteten im Halbdunkel ein entsetzliches Gemetzel. Man-

Wim Blockmans has commented, "The Flemish high nobility played no part in this, preoccupied as they were with the Crusades. It was now the hour of the towns and their officials." Thierry of Alsace himself answered the call of St. Bernard and went four times to Palestine. During one of these expeditions the Patriarch of Jerusalem gave him a vial containing a few drops of the blood of Christ, gleaned at Calvary by Nicodemus and Joseph of Arimathea. The Crusader-Count decided to present it to the city of Bruges and sent it back with his chaplain, Abbé Leon of St. Bertin.

When Count Thierry returned to Flanders on April 7, 1150 he was welcomed enthusiastically. All the banners of the guilds of Bruges were flying, rich hangings fluttered in the breeze and a floral carpet covered the ground before the patrician houses. Since the 13th century Bruges has continued to commemorate this event by a spectacular procession every May. A long procession of brightly garbed volunteer actors recount the history of mankind and its redemption by the blood of Christ to the crowd. The high point is the arrival of the splendid reliquary of the Holy Blood made between 1614 and 1617 by the gold and silversmith Jan Crabbe of Bruges.

The heart of Bruges was still situated on the Oude Burg. Since around 1100, walls had enclosed an 86 hectare area no longer reached by boats except at high tide. Though an outer port was established at Damme, land borne commerce was organized around the city fair. In the 13th century Italian and German trading houses opened branches in the city, followed by the English, Scots, Spanish, Catalans, Basques, Genoese, Florentines, Milanese, Luccans...

The Kings of France had not renounced their ambition to purely and simply annex rich Flanders which was under their suzerainity. Allied with the English, Count Ferrand of Portugal overwhelmingly defeated a French invasion fleet before Damme. But King Philip-Augustus took revenge by crushing the allied armies of Flemish, Brabanters, English and Germans at Bouvines in July, 1214. Ferrand of Portugal, captured on the field of battle, was liberated only after twelve years of captivity.

Count Guy of Dampierre, allied with the English, this time against Philip the Fair, met the same fate in 1300. Philip imprisoned his vassal at Compiègne and declared the annexation of the County of Flanders to the royal domain. The country was occupied, with the complicity of the patricians, called the *Leliarts* by allusion to the lily of France. The mass of craftsmen who had long wanted to break the exclusive powers of the rich merchants, did not accept this, however. Disturbances broke out all over Flanders, provoked by Pierre de Coninck, an unprepossessing little tribune. The turmoil was not organized until the Countly dynasty presented a candidate acceptable to all the towns, Guillaume of Jülich. Jean de Namur and his brother Gui also joined the rebellion. Democracy and dynasty pursued the same objective.

The storm broke at dawn on May 18, 1301. While the men of the King of France still slept in the city of Bruges, the *Klauwaerts,* by allusion to the claws of the heraldic lion of Flanders, killed the sentries, seized the gates and, in the gloom, began a bloody massacre. Some had their throats cut in their beds, others were slaughtered in the streets. The French governor, Jacques de Châtillon, barely escaped by the skin of his teeth, taking refuge behind the walls of the castle of Courtrai. The social revolt which started in Bruges swept through all of the Low Countries and even the Principality of Liège. In Flanders, however, it had a strongly nationalistic character.

Philip the Fair thought he could recoup the situation by sending a strong army of armoured knights, flaunting golden spurs, to crush the rebels. His army was defeated at Groeninge near Courtrai on July 8th by a mob of workers and peasants led by a handful of lords who had remained loyal to Count Gui. This was the culmination of the Matins of Bruges: democratic government was reestablished and power returned to the native dynasty of Dampierre. The Count demanded that henceforth the craftsmen be represented on the Aldermen's council and the communal council of Bruges.

Despite war, famine and the Black Death of 1316, during which the authorities had to dispose of some two thousand cadavers, or five percent of the population, the 13th and 14th centuries were, for Bruges, its most prosperous. The city became the European hub of the wool and textile trade and also the transit point for raw materials and merchandise from all of the known world.

The city acquired its splendid architecture at this time. To the

Romanesque structures of St. Donatian, St. Saviour, St. Basil and St. John's Hospital were added the first elements of the Gothic soon to dominate the city, such as Our Lady's church, St. Walburga, St. James, St. Giles and the Béguinage. The burghers rivaled the clergy by building the Cloth Hall, the belfry and the Town Hall, the first stone being laid by Louis de Male. Sturdy patrician houses were also erected, as were guild halls and stone bridges replaced the wooden ones. The rich foreign merchants were not to be outshone, as can be seen from some of the remaining "national" houses.

At the end of the 14th century, the economic and political predominance of Bruges began to wane, not only because of the silting up of the Zwin, but also because of the decay of the Flemish textile industry which impoverished the market of Bruges. Also, the less protectionist city of Antwerp entered its phase of increasing prosperity. The decline was largely hidden behind the cultural prestige of the city and the lustre shed by the Dukes of Burgundy. With the construction of the new walls of 1338, Bruges took on the oval form it retained until the 19th century.

Philip the Good, Charles the Bold and Mary of Burgundy enjoyed staying in Bruges, probably because political and social clashes were less frequent and less severe than those of Ghent. Philip the Good married Isabella of Portugal in Bruges in 1429 in the Prinsenhof which he had completely remodelled. Several hundred painters, sculptors and craftsmen were hired to make this residence a worthy rival of the most princely palaces of France. The rooms were luxuriously furnished and hung with tapestries. An elegant building was erected to serve as a bathhouse, with a steamroom.

In 1429, the Grand Duke of the Occident presided over a meeting of the Order of the Golden Fleece held in St. Saviour's church. It was also in Bruges that the dazzling marriage of Margaret of York and Charles the Bold took place, and the great pageant of the Festival of the Golden Tree was held.

The splendor of the city was enhanced by the Late Gothic architecture erected at this time. The needs of the parishes having been met on the whole, the buildings were mostly for civil purposes. The one exception was the Jerusalem chapel built by the Adorno family. Many enlargements and additions were made to existing structures, however, such as the High Gothic chapel of St. Saviour, the fifth nave of Our Lady and the Paradise portal, the completion of St. James and St. Giles, and the church and several wards of St. John's hospital.

During this same period the Town Hall was completed, the square portion of the belfry was topped with an octagonal storey, the Poortersloge and the Toll House, the house of the Genoese consul and the Teutonic Hanse, the Gruuthuse mansion and the Adorno, Bladelin and de Watervliet houses were all built.

The European-wide prestige of the Dukes of Burgundy, the presence in Bruges of the Arnolfinis, Tanis, Portinaris and other Italian businessmen who combined their financial and commercial activities with the acquisition of art and the constant commissioning of works of art by the city magistrates and the *Brugse Vrije*, by the guilds and churches, the patricians and merchants attracted flocks of painters to 15th century Bruges. They had in common great talent, mastery of oil painting techniques and, for the greatest, not being natives of the city they adorned. Such was the case of Jan van Eyck from the Meuse, Petrus Christus of the Campine, the Rhinelander Hans Memling, the Hollander Gérard David, and Hugo van der Goes of Ghent. At the same time as scores of minor masters native to Bruges, or from elsewhere, they made the city an increasingly influential artistic center.

After the accidental death of Mary of Burgundy in 1482 Bruges, thinking to exploit the uncertain situation, rose in revolt against her husband, Maximilian of Austria. He was taken hostage and held in the Cranenburg mansion. Only one cautious voice counselled against this action, that of Pierre Lanchals, a high city official. The mob of Bruges, in a fury, put him to death. According to legend, when Maximilian was liberated he remembered this loyal citizen whose name in Flemish meant "long neck" and who sported a swan on his coat of arms. He therefore decreed that the city of Bruges, in atonement, would maintain in perpetuity the swans on its canals.

Several years later, in 1495, the German doctor Jerome Münzer, travelling in the Low Countries, wished to view Bruges from on high. "We climbed the 380 steps of the highest tower and I could see that the perimeter of the city equals that of Milan in Lombardy. The city is

che wurden in ihren Betten umgebracht, auf andere wurde in den engen Straßen Jagd gemacht. Der französische Gouverneur de Châtillon entkam mit knapper Not und verschanzte sich hinter den Mauern von Kortrijk. Von Brügge aus griffen die Unruhen auf die Niederlande insgesamt über, einschließlich des Fürstbistums Lüttich. Doch in Flandern hatte die Erhebung einen nationale Charakter.

Philipp der Schöne wollte die Lage retten, indem er ein starkes Heer Heer mit Rittern in voller Rüstung und goldenen Sporen an ihrem Schuhwerk auf die Rebellen losschickte. Auf den Feldern von Groeninge bei Kortrijk wurden sie von einem Heer besiegt, das aus Arbeitern und Bauern bestand, doch von einigen Lehnsmännern befehligt wurde, die ihrem Grafen Guido treu geblieben waren. Die Brügger Metten und die Schlacht der goldenen Sporen hatten zur Folge, daß wieder demokratisch regiert wurde und das gräfliche Geschlecht von Dampierre wieder an die Macht kam. Der Graf verlangte, daß die Zünfte von nun ab im Schöffenkollegium und im Rat der Stadt Brügge vertreten sein sollten.

Trotz der Kriege, der Hungersnöte, der Pestseuche von 1316 — 2.000 Leichen d.h. 5 % der Bevölkerung wurden öffentlich begraben — waren das 13. und das 14. Jh. das goldene Zeitalter in der Geschichte Brügges. Es war die europäische Drehscheibe des Handels mit Tuch und anderen Textilwaren, der Ort, an dem der Transithandel mit Rohstoffen aus der ganzen damals bekannten Welt abgewickelt wurde.

In dieser Zeit entstanden auch die Baukunstwerke, die Brügge wie die Perlen einer kostbaren Kette schmücken. Zu den romanischen Kirchen St. Donatian, St. Salvator, St. Basilius gesellt sich das Johannes-Spital. Dann tritt die Gotik auf den Plan und beherrscht nach kurzer Zeit die ganze Stadt : die Liebfrauenkirche, die St. Walburga, St. Jacobus, St. Gilles geweihten Kirchen, der Beginenhof, die mit dem Sakralbau wetteifernden Bürger- und Kommunalbauten wie die Hallen, der Belfried, das Rathaus, zu dem L. von Male den Grundstein legte, sind nur die wichtigsten Beispiele. Auch die vielen, sehr stabil gebauten Patrizier-und Zunfthäuser müßten erwähnt werden, die steinernen Brücken, die an die Stelle von Brücken aus Holz traten. Die reichen Kaufleute aus dem Ausland waren nicht gewillt, hinter den Brüggern zurückzustehen und errichteten Kontore für sich und ihre Landsleute, die noch zum Teil erhalten geblieben sind.

Am Ende des 14. Jh. beginnt wirtschaftlich und politisch die zwar noch strahlende Herbstzeit Brügges. Die unaufhaltsame Versandung des Zwin ist bei weitem nicht der einzige Grund. Die Flaute im flämischen Textilhandel hatte verheerende Folgen für Brügge, und das fortschrittlichere Antwerpen erlebte einen raschen wirtschaftlichen Aufstieg. Diese Entwicklung blieb lange Zeit den Augen entzogen. Die Ausstrahlung, die Brügge auf kultureller Ebene hatte, sowie die Pracht und der Prunk der Herzöge von Burgund verschleierten die Wirklichkeit. Tatsache ist, daß die Stadt zwischen 1338, als die neuen Stadtmauern errichtet wurden, und dem Ende des 19. Jh. nicht über den eiförmigen Kontur dieser Mauern hinausgewachsen ist. Philipp der Gute, Karl der Kühne und Maria von Burgund residierten gern und oft in Brügge, vermutlich weil dort die politischen und sozialen Konflikte seltener und gedämpfter waren als in Gent. Im von Grund auf umgestalteten Prinzenhof in Brügge fand 1429 die Heirat Philipps des Guten mit Isabella von Portugal statt. Hunderte Maler, Bildhauer und Facharbeiter hatten den Hof in eine Residenz verwandelt, die den prunkvollsten französischen Höfen nicht nachstand. An den Wänden der aufwendig eingerichteten Räume hingen prächtige Wandteppiche. Man hatte sogar ein zierliches Badehaus errichtet mit Kammern für Schwitzbäder und anderen, in denen Badezuber standen.

1429 fand unter Vorsitz des Großherzogs selber ein Kapitel des Ordens vom Goldenen Vlies in der St. Salvatorkirche statt. Einige Jahre später bot die Heirat Karls des Kühnen mit Margaretha von York Anlaß zu großartigen Festlichkeiten in Brügge und wurde dort das Fest des Goldenen Baumes mit viel Prunk gefeiert.

Diese Prachtentfaltung, die kein Ende zu nehmen schien, ließ auch die Brügger Baumeister, die inzwischen zum Flamboyantstil übergegangen waren, nicht zur Ruhe kommen. Man baute kaum noch neue Kirchen, da der Bedarf der Pfarreien meistens gedeckt war, doch die Profanbauten waren um so zahlreicher. Die vom Geschlecht der Adornes gestiftete und gebaute Jerusalemkirche ist ein Ausnahmefall. Auch gab es erwähnenswerte Vergrößerungen : den Chorumgang der Salvatorkirche, das fünfte Schiff der Liebfrauenkirche, das Paradiesportal, die Vollendung der Kirchen St. Jacobus und St. Gilles und neue, hinzukommende Säle im Johannes-Spital.

Zur gleichen Zeit ging der Bau des Rathauses seinem Ende entgegen, setzte man dem viereckigen Belfried das achteckige, auch Laterne genannte Stockwerk auf, baute man u.a. die Poortersloge (Treffpunkt der reichen Bürger), das Tolhuis (Zollamt), das Haus der Genueser, das Hansehaus, den Gruuthusepalast, die herrschaftlichen Häuser der Adornes, Bladelin und de Watervliet.

Der Ruhm, dessen sich die Herzöge von Burgund in ganz Europa erfreuten, die Anwesenheit Adolfinis, Tanis, Portinaris und vieler anderer italienischer Kaufleute, die nicht ausschließlich kommerzielle und finanzielle Ziele verfolgten, sondern auch Kunstwerke sammelten, die Gewohnheit des Stadtrats, der Verwaltung der Umgebung Brügges, der Zünfte, der Kirchenfabriken, der Patrizier, der Kaufleute, Gemälde anfertigen zu lassen, dies alles erklärt den Zustrom so zahlreicher Maler nach Brügge im 15. Jh. Ihre gemeinsamen Merkmale sind ihr großartiges Talent, ihre technische Meisterschaft in der Verwendung von Ölfarben und — dies gilt zumindest für die großen Meister — daß sie zwar in Brügge wirkten, doch nicht in Brügge geboren waren. Jan van Eyck kam aus dem Maasland, Petrus Christus aus dem Kempenland, Hans Memling aus dem Reinland, Gerard David aus Holland, Hugo van der Goes wahrscheinlich aus Gent. Sie alle und viele andere, auch Brügger Maler verwandelten die Stadt in einen Treffpunkt für Kunstschaffende, der eine große Austrahlung hatte.

Nach dem tödlichen Unfall Marias von Burgund bildeten sich die Brügger 1482 ein, dies sei die günstige Gelegenheit, um einen Aufstand vom Zaun zu reißen. Sie nahmen Marias Gemahl Maximilian von Österreich zur Geisel und sperrten ihn in das Herrenhaus Cranenburg ein. Den einzigen der Ihren, der diesem unvernünftigen Plan nicht zustimmte, den Schultheißen Pieter Lanchals, ließen sie hinrichten. Als er seine Freiheit wiedererlangt hatte, soll, so erzählt die Legende, Maximilian sich nicht bloß an den getreuen Schultheißen erinnert haben, sondern auch an den Schwan in dessen Wappen und an die Tatsache, daß « Lanchals » auf Niederländisch in etwa « langer Hals » bedeutet. Als Buße für ihr Vergehen habe er den Brüggern deshalb zur Pflicht gemacht, immer und allzeit dafür zu sorgen, daß die Schwäne auf den Gewässern der Stadt Unterhalt fänden...

Kurz darauf, im Jahre 1495, bereiste der deutsche Arzt Hieronymus Münzer die Niederlande, bestieg den Belfried und sah sich Brügge aus der Höhe an: « Wir sind die 380 Stufen des höchsten Turms hochgestiegen. Schätzungsweise ist der ringformige Umkreis der Stadt so groß wie der Mailands in der Lombardei. Die Stadt ist von dicken, an den Toren aufs Doppelte anwachsenden Mauern umgeben, so daß sie auch mittels Geschützfeuer verteidigt werden kann. Nach außen hin liegt dann noch ein kreisförmiger Damm, auf dem mindestens dreißig bis vierzig Windmühlen stehen. Jenseits dieses Damms liegen zwei breite, tiefe, mit Wasser gefüllte Gräben, so daß die Stadt sehr gut befestigt ist. »

Danach stieg der gelahrte Mann aus Nürnberg hinab und mischte sich unter die Leute. In seinem Bericht schimmern genüßliche Gefühle durch: « Die Leute sind sehr zuvorkommend und gesellig. Die Männer sind schön herausgeputzt und tragen lange Gewänder wie die Geistlichen. Die Frauen sind sehr hübsch und ziemlich klein. Sie tragen schöne, oft grellrote Kleider. Sie sind sehr auf Liebe eingestellt, doch sind ebenfalls sehr fromm. In den nordöstlichen Gegenden neigen die Menschen nun einmal zu den Äußersten, nach dem Prinzip des Entweder-Oder. Ihre Art sich zu kleiden und alle ihre anderen Lebensgewohnheiten bestätigen das. »

Als Johanna von Navarra 1301 mit ihrem Gemahl Philipp dem Schönen nach Brügge kam, versetzten die Schönheit und die Eleganz der Damen sie ebenfalls in Erstaunen, so daß sie nicht ohne Boshaftigkeit ausrief : « Was soll das? Ich dachte, ich allein sei die Königin, aber hier sehe ich viele Hunderte. » Münzer fährt fort : « Die Kaufleute versammeln sich an einem Platz, der Börse genannt wird. Da treffen sich Spanier, Italiener, Engländer, Deutsche, Orientalen, kurzum alle Völker. Es gibt Straßen, die den Spaniern vorbehalten sind, andere mit Häusern für die Florentiner, die Genueser. Die Orientalen haben ein hübsches Atrium, ein prächtiges Haus mit einem schönen, mit Dekorationsarbeit geschmückten Turm. Unten um das Gebäude herum liegen die Kellerräume, in denen sie ihre Waren verkaufen. »

Am 18. April 1515 hieß Margaretha von Österreich ihren Neffen Karl V. in Brügge willkommen, und feierte dieser seinen fröhlichen Einzug unter Triumphbögen im Renaissancestil. Vom wirtschaftlichen Aufschwung, der den Beginn des 16. Jh. kennzeichnet, profitierte

built on a circular plan with very strong ramparts around it, turning around the gates in such a way as to give a defensive fire field, and as well as that, a wide embankment. On top of this embankment on the whole stretch of the circular walls, one sees thirty and forty windmills. Beyond this embankment are two waterfilled ditches, both wide and deep, providing good fortifications for the city."

After which the erudite burgher of Nuremberg descended the tower and mingled with the crowd, for his own pleasure it seems. "The people", he observed, "are very friendly and sociable. The men are handsomely attired and their garments are as long as those worn by the clergy. The women are beautiful and slender. They dress very well, often in a very bright red. They are much given either to love or to religion. For in all these north-west regions they go to extremes: all or nothing. This is very plain to see, as far as dress or any other custom is concerned."

When Queen Jeanne of Navarre visited Bruges with her husband, Philip the Fair, in 1301 she too was astonished by the beauty and elegance of the women. "What is this, she cried indignantly. "I thought I alone was queen but here I find them by hundreds !"

"There is a place", continues Jerome Münzer, "where the merchants meet. It is called the *Bourse* (stock exchange). There gather the Spanish, Italians, English, Germans, Easterlings, in short all the nations. There are certain streets reserved for the Spanish, others or Florentine houses, or for the Genoese. The Easterlings have a very handsome *atrium* and a magnificent dwelling with a beautiful high tower, much ornamented. And in the neighbourhood, under ground, are the cellars where they sell their merchandise."

On April 18, 1515 Charles the Fifth, greeted by his aunt Margaret of Austria, made his Joyous Entry through the streets of Bruges under Renaissance-style arches. He returned often to this city where his grandmother, Mary of Burgundy, was buried. Contrary to Antwerp, Bruges did not profit from the economic expansion of the early 16th century, but this did not prevent it from celebrating lavishly the victory of the Emperor over François Premier at Pavia in 1525. The County Hall was given a monumental chimneypiece depicting the glory of the dynasty, designed by Lancelot Blondeel.

Under Charles the Fifth the Renaissance style, more or less introduced by the triumphal arches of 1515, was accepted more quickly in Bruges than in other Low Countries cities. The new portal of the old County Hall and the portal of the Holy Blood chapel were in the new style which later dominated the façade of the Municipal Registry as well as the portals and corbelling of many private mansions.

In painting, Gérard David and Adriaan Isembrant made the transition, followed by the Italian Ambrose Benson and then Albert Cornelis, Lancelot Blondeel, Jan Provoost, Frans and Pieter Pourbus, the Claeissens family and Jon de Momper. But it was particularly in the decorative arts of sculpture, tapestry, stained glass and furniture that the progress of the Renaissance aesthetic is most clearly shown.

In 1469, under the reign of Charles the Bold, the number of paupers depending on charity were no more than 316. Less than a century later, in 1544, some 7,696 people were registered for the Tables of the Holy Ghost in the seven city parishes. This was a considerable and, indeed, worrying number but at least the Tables of the Holy Ghost existed to help the most unfortunate. This was no longer true when, from 1567 to 1584 during the height of the political and religious revolt against Philipp II, Bruges fell victim to the fanaticism of the Calvinists. Several clergy were burned alive in an atrocious response to the equally atrocious pyres of the Inquisition. Bishop Drieux was imprisoned in Ghent. The Augustinian monastery and the churches of St. James and of St. Giles were pillaged, while the church of St. Anna was ruined.

After the southern provinces were reconquered by Alessandro Farnese, Duke of Parma, the Pacification of 1584 calmed the population. The city Magistrate tried to encourage the local industries to recover, even relocating the Bourse in the Cloth Hall, but stagnation persisted. It was necessary to await the peaceful reign of the Archdukes Albert and Isabella (1598-1621) to see the feeble dawn of a new prosperity. The Catholic revival led to the rebuilding of churches devastated by the Calvinists and also the restoration of interiors in the triumphant baroque style: high altars, sculpture, confessionals, etc. The Cistercians of the Abbey of the Dunes were responsible for the present buildings of the diocesian seminary and the Discalced Carmelites built their church in Ezelstraat. The great architects of the

Counter Reformation, the Jesuits, built their own church, now dedicated to St. Walburga. Two wings were added to the convent of the nuns of St. John's hospital. The baroque style is also evident in some 17th century patrician dwellings, as well as in the doors of about thirty almshouses.

What could the painters of Bruges do during the baroque period but imitate Rubens and Van Dyck, the great masters of Antwerp? Works by the most original Bruges painter of the period, Jakob van Oost, decorate St. Saviour's cathedral.

The years of Albert and Isabella were, alas, but a brief interlude. Like the rest of the Low Countries, Bruges felt the effects of the Spanish collapse and then the invasion and occupation by the troops of Louis XIV. The city struggled just to survive.

On June 1, 1706 the Duke of Marlborough, victorious over the armies of the Sun King, arrived before the city gates. Bruges opened them on condition that commerce with England be reestablished. A seemingly generous treaty was signed but it prohibited the import of Flemish lace and imposed a number of customs duties.

Real economic revival only became apparent under Austrian rule, particularly during the reign of Maria-Theresa and the governorship of her brother-in-law Charles of Lorraine. A commercial basin for high seas shipping was created near Dampoort and the road network linking Bruges to the other principal cities of the states was improved. The wool and linen thread markets were reestablished as well as new textile industries which soon prospered. A glass factory was opened and then the Hendrik Pulinx earthenware factory. Harking back to the past, Bruges lace was once more distinguished by its elegance. Two indications of an economic revival can be seen : new stores were built in 1756, 1771 and 1778 and the city magistrate took severe measures against night work.

The style of the new buldings mirrored the period, vacillating between two aesthetic tendencies. Baroque relieved by rococo lasted until the middle of the 18th century, giving way to classicism. Thus the appearance of Bruges was formed, initially dominated by Gothic and subsequently enriched by Renaissance, baroque, rococo and classical elements.

Judging by the genre paintings of Jan Geremijn, director of the Academy, life in Bruges did not lack charm in the second half of the 18th century. Rowdy everyday life is depicted at the time when the Ghent canal was dug, and also the refined world of the salon in the French style.

Bruges was twice occupied by French revolutionaries, first only briefly from November 30, 1792 to March 30, 1793 and then for a much longer period running from June 25, 1794 until the defeat of Napoleon at Leipzig. Suffering the same fate as St. Lambert's cathedral at Liège. St. Donatian was totally demolished. The Jesuits' church was rededicated to the Godess of Reason. The sarcophagus of Mary of Burgundy in the church of Our Lady was smashed, then cut into pieces and her bones scattered. The guilds were abolished and many of their houses destroyed. The main square was renamed Place Napoleon and the Rosary Wharf was dedicated to Voltaire!

Bruges became the county seat of the Department of the Lys. Under the Consulate and the Empire the mayor, his three assistants and the council were all appointed by Napoleon. They did what they could to encourage industrial activity which was in a favorable position because of the Continental Blockade, but they could not prevent young men from enrolling in or being conscripted into the army which was massacred on the plains of Russia.

The Congress of Vienna of 1815-15 gave our provinces to the United Provinces, forming the Kingdom of the Netherlands. The Department of the Lys became the Province of West Flanders with Bruges remaining as its capital. When the Belgians gained their independence from the Dutch in 1830 they did not change this.

The Industrial Revolution, begun under the Dutch regime continued throughout the 19th century but hardly touched impoverished Bruges which remained essentially a city of arts and crafts, including a cottage industry in lace. Some fine buildings and houses were erected, however, either in the neo-Classical style, or following the European fashion, the Gothic Revival.

The economic stagnation of Bruges saved it from disastrous unchecked urbanization. In 1887 Leopold II visited Bruges to inaugurate a monument on the Grand-Place dedicated to the glory of Breydel and de Coninck, two Flemish heroes of 1302. He stated the case for the preservation of an architectural heritage : "The city of Bruges is

Brügge, im Gegensatz zu Antwerpen, jedoch kaum. Dennoch feierte es mit ungetrübter Begeisterung den Sieg, den Karl V. 1525 in Pavia über Franz I. davontrug. Im Verwaltungsgebäude für die Umgebung Brügges wurde bei dieser Gelegenheit ein imposanter Kamin aufgestellt, den L.   Blondeel zum Preise des Herrscherhauses entworfen hatte.

Mit den Triumphbögen von 1515 war sozusagen die Renaissance in Brügge eingezogen. Sie setzte sich da schneller durch als in den anderen Städten der Niederlande. Das Portal des Palasts des Freien Brügge (die Umgebung Brügges) und das der Heiligblutkapelle tragen bereits die Züge des neuen Stils, der kurz danach in der Fassade der Alten Kanzlei sowie in vielen Portalen und Vorkragungen von Privathäusern völlig zum Durchbruch gelangt.

In der Malerei vollziehen Gérard David und Adriaan Isembrant den Übergang. Danach folgen der übrigens in Italien geborene A. Benson, dann A. Cornelis, L. Blondeel, J. Provoost, F. und P. Pourbus, das Geschlecht der Claeissins und J. de Momper. Doch, möge die Zahl der Maler auch noch so beeindruckend sein, Standbilder, Wandteppiche, bemalte Fenster und Möbelstücke zeigen besser, wie sich die Renaissance in Brügge entwickelt hat als die Malerei.

1469 unter Karl dem Kühnen gab es in Brügge 316 Arme, die die Stadtverwaltung um Hilfe ersuchten. 1544, noch kein Jahrhundert später, standen 7.698 Namen auf den Listen der Armenfürsorge der sieben Pfarreien. Das war bedeutend und beängstigend, doch immerhin gab es noch eine kirchliche Armenfürsorge für die Notleidenden. Als während der religiös-politischen Wirren unter Philipp II. der Fanatismus der Bilderstürmer und Kalvinisten fast ohne Unterbrechung von 1567 bis 1584 in Brügge das Zepter schwang, gab es auch keine organisierte Armenfürsorge mehr. Als Antwort auf die Inquisition und deren Scheiterhaufen legten sie das Feuer unter Scheiterhaufen, auf denen Ordensleute lebend verbrannt wurden. Bischof Drieux wurde gefangengenommen und in Gent eingesperrt. Das Kloster der Augustiner, die Kirchen St. Jakob und St. Gilles wurden geplündert, die St. Annakirche verwüstet.

Nachdem Alexander Farnese die Südlichen Niederlande zurückerobert hatte, beruhigte die Genter Pazifikation die Gemüter. Der Stadtrat versuchte mit allen Mitteln, die überkommene Industrie wieder anzukurbeln, eröffnete sogar wieder eine Handelsbörse in den Hallen, doch nichts schien zu fruchten. Erst während der wohltuenden Regierungszeit der Erzherzöge Albert und Isabella (1598-1621) kehrte der Wohlstand teilweise zurück. Im Zuge der Gegenreformation wurden die von Kalvinisten zerstörten Kirchen wieder aufgebaut und innen in den Kirchen von Triumphalismus strotzende Altäre, Standbilder, Beichtstühle, usw. aufgestellt. Die Zisterzienser von Ter Duinen errichteten das heutige Priesterseminar, die barfüßigen Karmeliter ihre Kirche in der Ezelstr., die Jesuiten als Vorkämpfer der Gegenreformation die heutige St. Walburgakirche. An das Kloster der Schwestern des Johannes-Spitals wurden zwei weitere Fügel angebaut. Überdies prägen barocke Stilzüge die Portale von etwa dreißig Armenhäusern und einigen Patrizierhäusern des 18.Jh.

Den Brügger Malern dieser Zeit blieb kaum etwas anderes übrig als sich die großen Antwerpener Meister zum Vorbild zu nehmen. In der St. Salvatorkirche sind noch Gemälde J. van Oosts, des unabhängigsten unter ihnen, zu sehen.

Leider war die Regierungszeit Alberts und Isabellas nur eine kurze Atempause. Wie überall in den spanischen Niederlanden hinterließen der Zusammenbruch Spaniens als Großmacht sowie der Einmarsch der Soldaten Ludwigs XIV. und die Besetzung durch Frankreich auch in Brügge mißliche Spuren. Die Stadt versuchte zu überleben, nichts weiter.

Am 1. Juni 1706 stand der Herzog von Marlborough, der die Heere des Sonnenkönigs besiegt hatte, vor den Toren Brügges und ersuchte um Einlaß. Der Stadtrat machte von der Gelegenheit Gebrauch, um ggf. eine Liberalisierung des Handels mit England zu erzwingen. Man schloß einen anscheinend großzügigen Vertrag, doch die Einfuhr von flämischer Spitze blieb verboten und viele Waren blieben zollpflichtig.

Der eigentliche wirtschaftliche Aufschwung setzte erst während des österreichischen Regimes wieder ein, d.h. vornehmlich unter Maria Theresia und dem Generalgouvernement ihres Schwagers Karl von Lothringen. Während bei Dampoort ein Dock für Handelsschiffe mit großem Tiefgang angelegt wurde, entwickelte man das Straßennetz, das Brügge mit den großen Städten des Landes verband. Wieder wurden Wolle und Linnen verhandelt, neue Textilmanufakturen, eine

Glasbläserei, die Steingutfabrik H. Pulinx entstanden und entwickelten sich. Auch die Brügger Spitzenfabrikation lebte wieder auf und bestach durch ihre erlesene Qualität. Daß 1756, 1771 und noch einmal 1778 neue Lagerhallen gebaut wurden und daß der Stadtrat energisch gegen Nachtarbeit einschreiten mußte, sind zwei weitere, untrügliche Zeichen der sich belebenden Konjunktur. Wie die Epoche schwankte auch ihr Baustil, in dem sich neue ästhetische Wertvorstellungen bemerkbar machten. An die Stelle des Barockstils trat das Rokoko, das aber bereits in der Mitte des 18. Jh. mancherorts durch klassizistische Bestrebungen zurückgedrängt wurde. So nahm Brügges Gesicht auch in baukundlicher Hinsicht immer genauere Züge an : die Gotik war und blieb vorherrschend, aber wurde im Lauf der Zeiten durch der Renaissance, dem Barock, dem Rokoko und dem klassizistischen Stil entlehnte Zutaten angereichert.

Wenn man den Genrebildern J. Garemijns, zu der Zeit Leiter der Brügger Akademie, Glauben schenken darf, war das Leben in Brügge während der zweiten Hälfte des 18. Jh. recht heiter und beschwingt. Neben der ausgelassenen Lebensfreude des niedrigen Volkes, wie sie ein Bild zeigt, das Garemijn anläßlich der Grabung des Genter Kanals malte, war Raum für verfeinerte Lebensformen, denen die Pariser Salons und die französische Mode als Vorbild dienten.

Zweimal wurde Brügge von den französischen Revolutionären besetzt, vom 30. November 1792 bis zum 30. März 1793 und während der viel längeren Periode, die am 25. Juni 1794 begann und bis zur Niederlage Napoleons vor Leipzig dauerte. Wie die St. Lambertuskathedrale in Lüttich wurde die St. Donatianskirche in Brügge völlig zerstört, während in der Jesuitenkirche der Göttin Vernunft Verehrung und Lob gezollt wurde. In der Liebfrauenkirche erbrachen Plünderer das Grabmal Marias von Burgund, verkauften Teile und zerstreuten die Gebeine der Fürstin. Die Zünfte wurden aufgehoben und viele Zunfthäuser zerstört. Der Marktplatz wurde umgetauft und « Place Napoléon » genannt; der Rozenhoedkaai (Rosenkranzkai) wurde Voltaire « geweiht ».

Brügge wurde der Hauptort des Departements « de la Lys », d.h. der Leie, während des Konsulats und der Kaiserzeit wurden der Bürgermeister, seine drei beigeordneten Stellvertreter und der Stadtrat von Napoleon ernannt. Die Kontinentalsperre machte es möglich, die Erlahmung des Wirtschaftslebens zu verhindern, doch die jungen Männer aus Brügge wurden einberufen, und manche von ihnen verbluteten als Soldaten des Kaisers in den Ebenen Rußlands.

Der Wiener Kongreß gliederte das zukünftige Belgien in das Königreich der Niederlande ein. Aus dem « Département de la Lys » wurde die Provinz Westflandern, und Brügge wurde Provinzhauptstadt. Daran änderte sich kaum etwas, als Belgien 1830 das Joch der holländischen Herrschaft abschüttelte und unabhängig wurde.

Die schon vom holländischen Regiment eingeleitete industrielle Revolution setzte sich im Laufe des 19. Jh. immer entschiedener durch, doch ging fast spurlos am verarmten Brügge vorbei, in dem doch nur Handwerksleute und Spitzenklöpplerinnen lebten. Wohl wurden einige Häuser und andere Gebäude errichtet, teils in klassizistischem, teils im überall in Europa Furore machenden neugotischen Stil.

Der wirtschaftliche Dornröschenschlaf Brügges im 19. Jh. ersparte ihm die üblen Folgen rücksichtsloser Städteplanung, die nur wirtschaftliche Nutzung im Auge hat. Als Leopold II 1887 auf dem Marktplatz von Brügge das Standbild zu Ehren Breydels und De Conincks, der zwei flämischen Volkshelden von 1302, enthüllte, wies er darauf hin, wie wichtig die Instandhaltung der Baudenkmäler ist und führte aus : « Brügge hat recht, wenn es seine Baudenkmäler restauriert, wenn es ängstlich darauf bedacht ist, seine Eigenart nicht zu verlieren, wenn es die Wassergräben nicht zuschüttet, die es umgeben, und seine Stadttore nicht schleift, ja, wenn es stilvolle Häuser nicht abreißt, auch wenn dies zur Verbesserung des Straßennetzes beitragen würde. Ich freue mich, daß diesbezüglich jetzt ein allgemeiner Konsens zu bestehen scheint, was früher nicht immer der Fall war. »

Leopold II. hatte sich auch für den Ausbau des Seehafens von Zeebrügge eingesetzt. Dadurch wollte er die solide Grundlage für einen dauerhaften wirtschaftlichen Aufschwung schaffen und den Wohlstand der Stadt sichern.

So ist das von romantischen Bewunderern einst totgesagte Brügge heute eine Stadt, die lebt und doch den Glanz ihrer Vergangenheit unversehrt bewahrt hat.

right to restore its monuments, to carefully preserve its character, to not fill the ditches which surround it, to maintain the old gates and by replanning its roads, save interesting buildings. I am very pleased that there now seems to be general agreement on this, which was not always the case."

The second King of the Belgians also strove to improve the port of Zeebrugge, thus laying the foundations for the development which finally pulled Bruges out of its economic slump and gave it real prosperity.

Bruges the Living, however, has lost nothing of the splendor which so charmed the Romantic admirers of Bruges the Dead.

△
Reeds rond 1350 stond er boven de toegangspoort van de Hallen een madonnabeeld in een nis. Twee eeuwen later ontwierp Lanceloot Blondeel een nieuwe nis met standbeeld. In maart 1794 ten tijde van het Franse Bewind werd de Madonna door de vernielzuchtige revolutionairen weggehaald en verbrijzeld. Het huidige standbeeld is afkomstig uit het Gruuthusepaleis.

Au milieu du XIVᵉ siècle déjà, une statue de la Vierge se trouvait nichée au-dessus du portail des halles. Deux cents ans plus tard, Lancelot Blondeel dessina un projet pour une nouvelle niche avec statue. Mais, en mars 1794, dans leur folie destructrice, les révolutionnaires brisèrent la Madone. Celle d'aujourd'hui est émigrée de l'hôtel Gruuthuse.

In the middle of the 14th century there was already a statue of the Virgin sitting in a niche above the doors of the Cloth Hall. Two hundred years later Lancelot Blondeel designed a projected new niche with a statue. However, in March 1794, revolutionaries in a destructive fury broke the Madonna who was replaced by a statue from the Gruuthuse Museum.

Bereits im 14. Jh. stand eine Statue der Gottesmutter in der Nische über dem Portal der eigentlichen Hallen. Zwei Jahrhunderte später entwarf L. Blondeel eine neue Nische mit Statue. Im März 1794 zertrümmerten die Revolutionäre die Statue in ihrer Zerstörungswut, so daß heute ein Standbild aus dem Gruuthusemuseum deren Platz einnimmt.

▷
Het 83 m hoge Belfort steekt nog altijd boven Brugge uit zoals in de Middeleeuwen. Zoals de donjon van de leenheer diende het als uitkijkpost. De wachters woonden er en hielden de vier windstreken in de gaten om tijdig brandalarm te blazen en om desgevallend en zo spoedig mogelijk het naderen van krijgsvolk te melden of van al wie van verdacht allooi leek te zijn.

Comme au moyen âge, le beffroi domine la ville de ses 83 mètres de hauteur. A l'instar du donjon du seigneur, elle servait au guet. Les veilleurs y habitaient et observaient les quatre points cardinaux pour voir s'il ne se déclarait pas quelque début d'incendie, si des soldats s'approchaient de la ville et, en général, si quelque chose de suspect était aperçu dans les environs.

As in the Middle Ages, the 83 meter belfry dominates the city. It served as a watchtower, as did the lord's keep. The lookouts lodged there and observed the four cardinal points to see if a fire was breaking out, if soldiers were approaching or, in general, if anything else was to be seen in the region.

Der 83 m hohe Belfried überragt Brügge heute wie im Mittelalter. Wie die Bergfriede der Burgen hatte er eine militärische Funktion. Oben wohnten Wächter, die in alle Windrichtungen spähten, Feueralarm schlugen und das Herannahen von Truppen sowie von allem, was irgendwie Mißtrauen erregen konnte, meldeten.

◁

Het huis Boechoute (1480) op de linkerhoek van de St.-Amandstraat en de Markt heeft een bakstenen siergevel die aan weerszijden met witte stenen is afgezet.

In het huis Cranenburg op de rechterhoek werd Maximiliaan van Oostenrijk vanaf 5 februari 1488 elf weken lang vastgehouden door de opstandige Bruggelingen, die hun privileges bedreigd achtten.

Au coin de la grand-place et de la Sint-Amandstraat, la façade-écran de la maison Bouchoute (1830) est, bien sûr, en brique mais la pierre blanche a été utilisée aux angles.

En face de celle-ci, au Cranenburg, fut incarcéré Maximilien d'Autriche, le 5 février 1488, à la suite d'une révolte des Brugeois craignant pour leurs privilèges.

Situated at the corner of the main square and St. Amand street, the curtain wall façade of the Bouchoute house (1480) is in brick, of course, though white stone has been used at the corners.

Maximilian of Austria was imprisoned in the Cranenburg across the street on February 5, 1488 following a revolt by the people of Bruges who feared losing their liberties.

An der Ecke des Marktplatzes und der St.-Amandstraße steht Haus Bouchoute, dessen Ziergiebel mit einer Borte aus weißem Haustein abgesetzt ist.

An der Ecke gegenüber steht Haus Cranenburg, in dem die um ihre Privilegien besorgten Brügger Maximilian von Österreich nach ihrem Aufstand vom 5. Februar 1488 einkerkerten.

△

In de St.-Amandstraat, waar eertijds de markt voor geneeskrachtige kruiden werd gehouden, is men er bij de restauratie van twee huizen uit de 16de eeuw in geslaagd de schoonheid van de lichtjes uitkragende verdiepinngen goed te doen uitkomen. De versiering van de accolade-bogen begint bij de steunpilaar in het midden met Ionische of eivormige kapitelen. Deze ornamentatie, hoe andersoortig ze ook weze, doet geenszins afbreuk aan de gotische structuur die tot aan de geveltop zichtbaar blijft.

Dans la rue Saint-Amand où se tenait le marché aux herbes médicinales, une habile restauration a restitué à deux façades du XVIe siècle la beauté de leurs étages en léger encorbellement. Le décor des arcs en accolade part des trumeaux qui reposent sur des chapitaux oves ou ioniques. Mais ces concessions au style nouveau n'entravent pas la structure gothique qui persiste jusqu'aux pignons à gradins.

In St. Amand street where a medicinal herb market was formerly held, skilful restoration has renewed the beauty of two 16th century façades with their gently corbelled storeys. Double-curved arches spring from the trumeaus which rest on ovum or Ionic capitals. These new stylistic elements do not spoil the basic Gothic structures which retain their step gables.

In der St.-Amandstr., in der der Markt für Heilkräuter stattfand, wurden u. a. zwei Giebel mit leicht vorkragenden Stockwerken sehr fachgerecht restauriert. Die eselsrückenförmigen Bogen ruhen teils auf ionischen, teils auf eiförmigen Kapitellen auf. Trotz der Zugeständnisse, die man an den neuen Stil zu machen gewillt war, setzte sich die gotische Vorlage noch bis im Treppengiebel durch.

De noordkant van het marktplein tegenover het Belfort onderging in 1786 diepgaande veranderingen, waarbij de huizen uit de 17de en de 18de eeuw gelukkig onaangetast bleven. Een daarvan was het ambachtshuis van de tegeldekkers, vroeger het Rode Huis, nu de Gouden Mand (Panier d'Or) genoemd, dat in 1686 was herbouwd. De Drie Meunycken is het in 1621-1622 herbouwde ambachtshuis van de vrije visverkopers. Tot in 1745 werd de vismarkt vlak in de buurt voor « La Civière d'Or » gehouden.

Face au beffroi, le côté septentrional de la grand-place a subi de profondes modifications en 1786. Fort heureusement, les maisons des XVIIe et XVIIIe siècles furent sauvegardées. Parmi elles, le *Panier d'Or*, autrefois *Troode Huus*, rebâtie vers 1686. C'était la maison des couvreurs. Les poissonniers, eux, occupaient la maison nommée *Drie Meunycken* qui fut reconstruite en 1621-1622. Jusqu'en 1745, le marché aux poissons se tenait devant cette demeure appelée aujourd'hui *la Civière d'Or*.

The north side of the Grand-Place, across from the belfry, was largely rebuilt in 1786 but, luckily, some 17th and 18th century houses were preserved. Among them is *The Golden Basket*, formerly *Troode Huus*, rebuilt around 1686. It was the roofers' guild house. The fishmongers occupied the house called *Drie Meunycken*, rebuilt in 1621-22. Until 1745 the fish market was held before this house now called *The Golden Stretcher*.

Die dem Belfried gegenüberliegende, nördliche Seite des Marktplatzes wurde 1787 umgebaut, ohne daß die Häuser aus dem 17. und 18. Jh. von diesem tiefgreifenden Wandel erfaßt wurden. Das 1686 wieder aufgebaute Zunfthaus der Dachdecker, auch Rotes Haus genannt, heißt jetzt « Le Panier d'Or ». « De Drie Meunycken » (Drei Mönche), gebaut 1621-1622, war das Gildehaus der Fischhändler, denn bis 1745 fand der Fischmarkt ganz in der Nähe, vor dem heutigen Gasthaus « La Civière d'Or » statt.

Toen Münzer in de 15de eeuw Brugge van boven op het Belfort zag, was hij enthousiast. Hij bewonderde de stadsaanleg en de spreiding van de bouwwerken. Zoals hij zien wij hier de gevels van de Oude Burg, die om de toren van de O.-L.-Vrouwekerk zijn geschaard.

In the 15th century Münzer liked to contemplate Bruges from the top of the belfry, so that he could study the urban layout and the siting of the monuments. When doing the same today, one sees the gables in the Oude Burg which seem to form an escort for the tower of Our Lady's church.

Au XVᵉ siècle, Münzer aimait découvrir Bruges du haut du beffroi. Il en appréciait ainsi la structure urbaine et l'implantation des monuments. En l'imitant aujourd'hui on voit les pignons de la rue Oude Burg qui font escorte à la tour de l'église Notre-Dame.

Als Münzer im 15. Jh. den Belfried bestiegen hatte und Brügge von oben sah, bewunderte er die städtebauliche Raumplanung und die Streuung der Bauwerke. Wie er sehen wir die Giebel der Oude Burg, die sich um den Turm der Liebfrauenkirche scharen.

Het recht om een belfort te bouwen sproot voort uit het recht om over een klok te beschikken of het ging ermee gepaard. Het getuigt van de vrijheidsdrang van de middeleeuwse stadsgemeenten. Meer nog dan de klok is het belfort het zichtbare, triomfantelijke symbool van een macht die niet meer voor de leenheer terugdeinst en hem zelfs durft te tarten.

Het belfort van Brugge bestaat uit drie delen. Net zoals de ruime, rechthoekige Hallen, die er de basis voor vormen, dateert de onderste, imposante, donjonachtige geleding van 1282. De tweede geleding met de vier hoektorentjes werd in de veertiende eeuw gebouwd, de achtkantige bovenbouw of « lantaarn » in 1484-1487.

The right to have a belfry followed, or in certain cases accompanied, the right to have a bell. It was part of the general desire for independence of the mediaeval communes. But a belfry, far more than a bell, was a visible and triumphant symbol of powers that wished to equal, if not rival, the local lord.

The belfry of Bruges consists of three parts. The massive base, resembling a keep, dates from 1282 and crowns the great rectangular Cloth Hall built at the same time. The central storey and the four turrets are of the 14th century. The octagonal summit was built between 1484-87.

Le droit de beffroi suit ou, dans certains cas, accompagne le droit de cloche. Il s'inscrit dans la même volonté d'indépendance des communes médiévales. Mais davantage que la cloche, le beffroi apparaît comme le témoin visible et triomphant d'une puissance qui se veut égale, sinon rivale du seigneur local.

Celui de Bruges se compose de trois parties. La base massive, en forme de donjon, date de 1282 et couronne les grandes halles rectangulaires, édifiées au même moment. L'étage central et les quatre tourelles appartiennent au XIVe siècle. Quant au sommet de plan octogonal, il fut construit en 1484-1487.

Das Recht eine Glocke zu besitzen implizierte direkt oder indirekt das Recht, einen Belfried zu bauen. Beide Rechte spiegeln das Streben nach Unabhängigkeit der mittelalterlichen Stadtgemeinden. Dabei war der Belfried ein viel sichtbareres Zeichen siegreicher Macht, die sich als der des Lehnherrn ebenbürtig empfand oder sich ihr gar widersetzte.

Der Belfried von Brügge besteht aus drei Teilen. Der unterste ist bergfriedartig und erhebt sich seit 1282 über dem Rechteck der gleichzeitig gebauten Hallen. Das mittlere Stockwerk mit den vier Türmchen kam im 14. Jh. hinzu. 1484-1487 entstand der obere, achteckige Teil.

◁◁

Het Burgplein in het bezit was van de graaf van Vlaanderen, die er een steen had met ambtenaren die er vertoefden. Nu is het met bomen beplante plein als het ware gericht op het stadhuis, waarvan de eerste-steenlegging in 1376 in aanwezigheid van Lodewijk van Male plaatsgreep. Rechts staat de tussen 1128 en 1145 opgerichte Heilig-Bloedkapel, de huiskapel der graven van Vlaanderen, links van het stadhuis de door Jan Mone ontworpen overgangsgevel van de Oude Griffie.

De 16 consoles langs de muren van de Gotische Zaal van het Stadhuis brengen diverse motieven in beeld.

Comme l'indique son nom, la place du Burg — le château — était à l'origine la terre du comte de Flandre. Il y avait son steen et ses fonctionnaires y étaient établis. Agréablement arborée, la place est aujourd'hui centrée sur l'hôtel de ville dont la première pierre fut posée par Louis de Male en 1376. A droite, la chapelle du Saint-Sang, fondée entre 1128 et 1149, servait d'oratoire aux comtes de Flandre. A gauche, Jean Mone a posé la façade de transition de l'ancien Greffe civil.

Les seize consoles de la salle des échevins de l'hôtel de ville représentent des scènes diverses.

As indicated by its name of Burg, the square was part of the land belonging to the Count of Flanders. There he had his steen, or castle, and his administration. Today the pleasantly treed square centers on the Town Hall whose first stone was laid by Louis de Male in 1376. On the right, the chapel of the Holy Blood (1128-49) served as the Oratory of the Counts of Flanders. On the left, the Transitional façade of the old Municipal Registry was built by Jean Mone.

The sixteen consoles in the Aldermen's Hall in the Town Hall portray various scenes.

Wie das Wort «Burg» im Namen andeutet, gehörte der Burgplatz dem Grafen von Flandern, dessen Burg hier stand und dessen Beamte hier wohnten. Heute ist der Platz mit seinen schattigen Bäumen auf das Rathaus hin ausgerichtet, zu dem Graf Ludwig van Male 1376 den Grundstein legte. Die Heiligblutkapelle wurde zwischen 1128 und 1149 als Schloßkapelle der Grafen von Flandern gebaut. Der zur Alten Kanzlei überleitende Giebel links vom Rathaus ist von J. Mone.

▷

De Oude Griffie (1534-1537), ook Civiele Griffie genoemd, laat een indruk van volmaakt evenwicht en zuivere harmonie achter. Alleen de schikking van de drie topgevels herinnert aan het gotische verticalisme en afgezien van de kleine poort en de vensterkruisen is hier alles in pure renaissancestijl : Corinthische zuilen waarvan de voet met arabesken is versierd, benadrukking van de horizontale lijnen in de vensters, afsluiting door middel van friezen, antiek aandoende medaillons. Het geheel was oorspronkelijk verguld en gepolychromeerd.

Merveille d'équilibre et d'harmonie, le Greffe Civil (1534-1537) n'a gardé de la verticalité gothique que la disposition des trois pignons. Tout le reste — hormis le petit porche d'entrée et les fenêtres à meneaux — est du plus pur style Renaissance : ordre corinthien des colonnes dont la base est ornée d'arabesques, horizontalité des croisées, bordure par des frises, médaillons à l'antique. A l'origine, l'ensemble était tout doré et polychrome.

The only vestige of Gothic verticality in the municipal records office building (1534-37) is the placement of the three gables. All the rest, except for the little entry porch and the mullioned windows, is in a pure Renaissance style : Corinthian columns with arabesque ornamented bases, horizontal crossings, friezes and antique medallions. The original ensemble was gilded and polychromed.

In der sehr harmonisch gestaltete Fassade der Alten Kanzlei (1534-1537) erinnert nur noch die Anordnung der drei Giebeldreiecke an den gotischen Vertikalismus. Sieht man von der kleinen Pforte und von dem Stabwerk der Fenster ab, dann bleibt nur reiner Renaissancestil übrig : korinthische Säulen, deren Füße mit Arabesken geschmückt sind, überwiegend horizontale Gestaltung der Fenster, Verwendung von Friesen als Gliederungsmittel, antikische Medaillons. Die Fassade war ursprünglich polychrom und teilweise vergoldet.

(Blz. 34 tot 36)

De schepenzaal of Gotische Zaal op de eerste verdieping van het Stadhuis is even oud als het Stadhuis zelf. Het gewelf en de hangende «sluitstenen» dagtekenen van 1402, de beschilderde en vergulde gewelfsleutels met heiligen en bijbelse taferelen, o.a. het doopsel van Christus: in de Jordaan, ontstonden kort daarna. In 1895 schilderde Albrecht de Vriendt het eerste van de twaalf grote taferelen over Brugges verleden op de muur.

(Pages 34 à 36)

A l'étage de l'hôtel de ville, la grande salle dite des échevins fait partie de la construction primitive. Sa voûte à pendentifs et bardeaux date de 1402 et précède de peu la peinture et la dorure des clefs de voûte représentant des saints et des sujets empruntés à la Bible, notamment le baptême dans les eaux du Jourdain. Douze grandes peintures murales décorent la salle. Albrecht de Vriendt les commença en 1895. Elles illustrent les grands moments de l'histoire de la ville.

(Pages 34 to 36)

On the upper floor of the Town Hall the large room called the "Aldermen's Chamber" is part of the original building. The timbered vaulting with pendant bosses dates from 1402 and preceded by little the painting and gilding of the keystones representing saints and biblical subjects; notable is the baptism in the Jordan river. Twelve large murals representing great moments in the city's history decorate the chamber. Albrecht de Vriendt began them in 1895.

(S. 34 bis 36)

Das zweite Stockwerk des Rathauses mit dem Schöffen- oder gotischen Saal entstand in derselben Bauphase wie das Erdgeschoß. Das Gewölbe mit Hängespitzbogen wurde 1402 vollendet, die Bemalung und Vergoldung der Heilige und biblische Szenen, u.a. die Taufe Jesu im Jordan, darstellenden Abschlüsse etwas später. An die Wände malte A. De Vriendt die Sternstunden der Geschichte Brügges. Er begann 1895.

De proosten van de St.-Donaaskathedraal oefenden in nauwe samenwerking met hun leenvorst beheer en rechtspraak uit over hun heerlijkheden, o.a. delen van de Burg. Hun majestueuze Proosdij (1662-1666) doet meer aan Rubens denken dan aan de andere stalen van barokarchitectuur in Brugge.

Dans la mouvance immédiate de la Cour féodale, les Prévôts et le Chapitre de Saint-Donatien exerçaient une juridiction sur la seigneurie qui comprenait notamment certaines parties du Bourg. Majestueuse à souhait, leur Prévôté (1662-1666) relève du baroque de Rubens davantage que du baroque brugeois.

At the time of the tenure of the feudal court, the Provost Marshals and the Chapter of St. Donatian held jurisdiction over the seigniory which contained certain parts of the Burg. Majestic in all aspects, the Provost Hall (1665-66) was inspired more by the baroque of Rubens than that of Bruges.

Im Einverständnis mit dem gräflichen Hof unterstand den Pröpsten und dem Kapitel der St.-Donatianskirche die Gerichtsbarkeit über einen Bezirk, zu dem sogar Teile des Burgplatzes gehörten. Die prachtvolle Propstei (1662-1666) erinnert mehr an Rubens als an andere Barockarchitektur in Brügge.

◁

In het begin van de Middeleeuwen waren er in heel West-Europa kerken met een dubbele verdieping. Dankzij deze bouwwijze beschikte de vorstelijke hofhouding over een aparte kerkruimte, zodat ze niet in de menigte opging. Oorspronkelijk was de bovenkerk even lang als de St.-Basiliuskapel eronder. In de loop van de 16de eeuw werd de absis tot aan het stadhuis uitgebouwd en in de 17de eeuw voegde men er een trap voor de stadsmagistraat aan toe. Na de Franse bezetting werd het interieur in de toen opgang makende neogotische stijl gerestaureerd.

L'usage de construire des églises à deux niveaux est commun à toute l'Europe occidentale, au début du moyen âge. Il s'agissait de séparer la cour princière et le peuple des fidèles. A l'origine, la chapelle supérieure du Saint-Sang avait la même longueur que la chapelle de Saint-Basile. L'abside fut allongée jusqu'à l'hôtel de ville, au cours du XVIe siècle. Au siècle suivant, on construisit un escalier à l'usage du Magistrat de la ville. Après l'occupation française, une restauration intérieure s'imposait. Elle se fit dans le néo-gothique à la mode.

Churches constructed on two levels were common in Western Europe at the beginning of the Middle Ages, the purpose being to separate the court from the mass of common worshippers. The upper chapel of the Holy Blood was originally the same length as St. Basil's chapel. The apse was lengthened as far the Town Hall during the 16th century. In the following century a private staircase was built for the City Magistrate. After the French occupation the interior had to be restored, which was done in the then fashionable Gothic Revival.

Zu Beginn des Mittelalters gab es Doppelkirchen in ganz Westeuropa. Die untere Kirche war für die gewöhnlichen Gläubigen bestimmt, der obere Teil für den Herrscher und seinen Hof. Ursprünglich war das Obergeschoß, d.h. die eigentliche Heiligblutkapelle, eben lang wie die St.-Basiliuskapelle darunter. Im 16. Jh. baute man die Apsis aus und verlängerte sie bis zum Rathaus. Im 17. Jh. kam die anfänglich nur für den Stadtmagistrat bestimmte Treppe hinzu. Nach der Besetzung durch die Franzosen mußte die Kirche restauriert werden. Dem damals vorherrschenden Geschmack entsprechend erfolgte diese Renovierung in neugotischem Geiste.

△

Het smalle gebouw vlak naast de trap die naar de H. Bloedkapel leidt, lijkt eerder innemend dan afwijzend, alhoewel het eerst als griffie van het college voor strafzaken moest dienen. Aan de flamboyante gotiek (1529) zijn heel wat renaissance-ornamenten o.a. zuiltjes en medaillons toegevoegd.

Bien qu'il fût destiné au Greffe Criminel, le petit édifice qui voisine l'escalier de la Chapelle du Saint-Sang donne une impression de charme plutôt que de sévérité. Son gothique tardif (1529) s'enrichit de colonnettes et de médaillons de style Renaissance.

Although it was intended to house the criminal records office, the little building next to the staircase of the Chapel of the Holy Blood gives an impression of charm rather than severity. In Late Gothic (1529), it is embellished with small columns and Renaissance style medallions.

Die schmucke Fassade der ehemaligen Strafgerichtskanzlei, die sich neben der in die Heiligblutkapelle führende Treppe befindet, läßt die ursprüngliche Funktion des Gebäudes kaum vermuten. Auf dem spätgotischen Giebel (1529) wurden schlanke Säulchen und für die Renaissance typische Medaillons angebracht.

▷

In 1556 besloot de Edele Confrerie van het H. Bloed haar leden « ten gemene coste », d.w.z. ten prijze van 7 stuivers 8 ootjes voor elk lid, te laten schilderen door Pieter Pourbus. Men ziet dat de schilder er zorg voor heeft gedragen ieder gezicht even goed in het zonnetje te zetten als alle andere, maar tevens vrij realistisch te werk is gegaan.

Op beide panelen knielen de leden van de broederschap, maar waarvoor of voor wie ze knielen is niet meer te achterhalen, omdat het middenpaneel van de polyptiek jammer genoeg zoek is geraakt. (Heilig-Bloedmuseum)

En 1556, la Confrérie du Saint-Sang décida de se faire portraiturer «ten gemene coste» (à frais partagés) par Pierre Pourbus, à raison de 7 sous 8 deniers par personne. Le peintre a visiblement voulu qu'une lumière uniforme éclaire de la même manière chacun des visages, d'ailleurs traités avec beaucoup de réalisme.

Sur ce volet droit, comme d'ailleurs sur le volet gauche, les groupes sont agenouillés. Ils sont en adoration devant une scène du panneau central. Celui-ci étant perdu, nous ignorons ce qu'il représentait. (Musée du Saint-Sang)

△
In 1556 the Brotherhood of the Holy Blood commissioned a group portrait from Peter Pourbus at "ten gemene coste", or cost sharing, amounting to 7 sous, 8 deniers apiece.

The painter used an overall illumination in order to light each realistically treated face equally. The members of the Brotherhood wear brownish grey robes, lined with fur.

On the right wing, as on the left, the groups are kneeling in adoration, gazing at a scene on a center panel which has disappeared, leaving us with no knowledge of its subject. (Holy Blood museum)

1556 beschloß die Edle Heiligblutsbruderschaft ihre Mitglieder von Peter Pourbus konterfeien zu lassen. Der gemeinschaftlich zu zahlende Preis betrug 7 Sol 8 Groschen pro zu malende Person. Der Maler hat für gleichmäßige Lichtverteilung gesorgt, so daß die im übrigen sehr realistisch gemalten Gesichter alle in gleich günstigem Licht stehen.

Sowohl auf der rechten als auf der linken Tafel knien die Mitglieder. Beide gehörten folglich zu einem Triptychon, doch da die mittlere Tafel fehlt, ist unbekannt, vor wem oder wovor die Dargestellten in Andacht versunken sind. (Museum der Heiligblutkapelle)

In het begin van de 19de eeuw deed de empirestijl zijn invloed in enkele panden van de Hoogstraat gelden. Het achthoekig, overkoepeld paviljoen in een langs de Groene rei gelegen tuin heeft er eveneens zijn bijzonder cachet aan te danken en had een inspirerende uitwerking kunnen hebben op een kunstenaar zoals Magritte...

A few buildings in the Hoogstraat are in the Empire style, introduced into Bruges in the early 19th century. It gives a certain character to the octagonal pavilion with its cupola found in a garden on the Groene Rei. Such a decor might have inspired Magritte...

Au début du XIXᵉ siècle, le style Empire s'introduisit à Bruges, notamment dans quelques immeubles de la Hoogstraat. Il donne également un cachet particulier au pavillon octogonal avec coupole, dans le jardin sur la Groene Rei. Un décor qui aurait pu inspirer René Magritte...

Zu Beginn des 19. Jh. setzte sich der Empirestil auch in Brügge durch, u.a. in einigen Häusern der Hoogstraat. Er verleiht auch dem achteckigen, mit einer Kuppel gekrönten Pavillion in einem Garten an der Groene Rei ein bezauberndes Aussehen, das der Inspiration René Magrittes entsprungen sein könnte.

« Door een klimatologisch wonder werkt het ene er in op het ander en een vreemdsoortig scheikundig proces verandert er de lucht, zodat de felle kleuren vervagen en ineenvloeien tot een haast eenkleurige droom. » (G. Rodenbach, *Brugge-de-Dode*)

"There is, by some quirk of the climate, some reciprocal intermingling, some chemistry in the atmosphere which neutralizes garish colours, giving them a dreamlike quality." (Georges Rodenbach, *Bruges-la-Morte*)

« Il y a là, par un miracle du climat, une pénétration réciproque, on ne sait quelle chimie de l'atmosphère qui neutralise les couleurs trop vives, les ramène à une unité de songe. » (Georges Rodenbach, *Bruges-la-Morte*)

« Durch ein Wunder der Witterung wirkt hier eines auf das andere ein; eine unerklärte chemische Verbindung in der Luft saugt die grellen Farben auf und verwebt sie zu einem stimmigen Traumgebilde. » (G. Rodenbach, *Bruges-la-Morte*)

De langs de Reie, vlak tegenover de kade waar vroeger het marmer werd ontscheept, verrijst de zuidergevel van het Landhuis van het Brugse Vrije. De topgevels en torentjes ervan zijn bewaard gebleven. Dit bouwonderdeel werd rond 1520 door bouwmeester Jan van den Poele opgetrokken en munt uit door een stijlvol lijnenspel. Het werd in 1874 gerestaureerd.

De rococogevels in Brugge vertonen meestal door een sereen klassicisme getemperde vormen. De achtergevel van een in de Hoogstraat gelegen pand (1767) is daar een schoolvoorbeeld van. De gevel staat langs de Reie en maakte vroeger deel uit van het Landhuis van het Brugse Vrije.

Face au quai des Marbriers, les façades à pignons et tourelles du Franc de Bruges donnent sur la rive septentrionale de l'ancien fossé de la ville. Frappant par l'élégance des lignes, elles ont été commencées en 1520 par l'architecte Jean van de Poele. Elles ont été restaurées en 1874.

A Bruges, le style rococo est le plus souvent assagi par un classicisme de bon aloi. De cette combinaison architecturale, la façade arrière d'une maison de la Hoogstraat offre un excellent exemple (1767). Elle donne sur la Reie et faisait partie de l'ensemble des bâtiments du Franc.

The gabled and turreted façade of the *Brugse Vrije*, a sort of County Hall, faces the Marble Workers wharf and gives on the northern bank of the old city moat. Its strikingly elegant lines were begun in 1520 by the architect Jean van de Poele. It was restored in 1874.

In Bruges the rococo style is often tempered by a certain classicism. The rear of a house on Hoogstraat presents an excellent example of this architectural combination (1767). The house gives on the Reie and was formerly part of the *Brugse Vrije*.

Die Fassaden mit Ziergiebeln und Türmchen des Palasts des Brugse Vrije (Umgebung Brügges) liegen am nördlichen Ufer des früheren Grabens der Stadt, dem Uferdamm der Marmorarbeiter gegenüber. An den 1520 von J. van de Poele begonnenen, 1874 restaurierten Gebäuden ist vor allem die elegante Linienführung bemerkenswert.

Der Rokokostil wird in Brügge meist durch geschmackvolle klassizistische Elemente gemildert. Die hintere Fassade eines Hauses in der Hoogstraat zeigt dies beispielhaft. Sie liegt zur Reie hin und war früher in den Palast des Brugse Vrije einbezogen.

◁

In 1745 werd de vismarkt, die voordien op het markplein plaatsvond, naar de Braamberg overgeheveld. De nieuwe vishalle met de colonnade van Dorische zuilen is van J.-R. Calloigne(1841). De houten stalletjes werden in 1852 vervangen door visbanken in Ecaussinnessteen.

En 1745, le marché aux poissons qui, jusqu'alors, se tenait grand-place, fut transféré au Braamberg. Le nouveau marché fut construit en 1841, en ordre dorique, d'après les plans de l'architecte Jean-Robert Calloigne. Les étals en bois furent remplacés par des étals en pierre d'Ecaussinnes en 1852.

In 1745 the fish market which was held until then on the Grand-Place was transferred to the Braamberg. A new market was built in 1841 in the Doric order to the plans of the architect Jean-Robert Calloigne. The wooden counters were replaced in 1852 by ones in Ecaussinnes stone.

1745 wurde der Fischmarkt vom Marktplatz im Braamberg verlegt. Die neue Markthalle mit dorischen Säulen wurde 1841 von J.-R. Calloigne entworfen. 1852 wurden die hölzernen Ladentische durch neue aus Ecaussinnesstein ersetzt.

△

De Groene rei is de vrij recente benaming voor een gedeelte van de Steenhouwersdijk. Deze erg schilderachtige en derhalve door veel schilders gewaardeerde plek wordt door de Bruggelingen nogal vaak « 't Groene » genoemd.

Le Groene Rei ou *Quai vert* est une dénomination relativement récente et s'appplique à une partie du Steenhouwerswijk. Les Brugeois l'appellent volontiers *'t Groene*. C'est un des endroits pittoresques de la cité que recherchent le plus souvent les peintres.

The name Groene rei or Green Wharf was given relatively recently to a part of Steenhouwerdijk, but the people of Bruges usually call it *t'Groene*. It is one of the picturesque spots of the city often painted by artists.

Ein Teil des Steenhouwersdijk (Damm der Steinmetzen) erhielt vor geraumer Zeit den Namen Groene Rei, denn die Brügger nannten diese Gracht und ihre Umgebung « das Grüne ». Es ist eins der malerischsten und am häufigsten gemalten Viertel Brügges.

△
De Blinde Ezelstraat heeft haar naam te danken aan een herberg met dito uithangbord die op de plaats van de Oude of Civiele Griffie had gestaan. De kunstig uitgewerkte overwelving tussen dit gebouw en het Stadhuis dateert van 1534-1537.

La rue de l'Ane Aveugle doit son nom à une auberge réputée qui portait cette enseigne. Elle disparut au moment de la construction du Greffe civil. Une gracieuse passerelle (1534-1537) a été établie entre l'hôtel de ville et le Palais du Franc.

The street of the Blind Donkey owes its name to the sign of a well-known inn which disappeared when the municipal records office was built. A graceful footbridge leads from the Town Hall to the *Brugse Vrije*.

Bevor die Alte Kanzlei gebaut wurde, gab es in der Blinde Ezelstraat ein Wirtshaus, dessen Schild einen blinden Esel zeigte. Das Rathaus und der in die Alte Kanzlei integrierte Palast des Brugse Vrije (Verwaltung der Umgebung Brügges) wurden durch eine anmutige Überwölbung miteinander verbunden.

▷
De sjouwers, toen nog pijnders genoemd, lieten in 1421 een kleine kapel met kruis op de Eekhoutbrug oprichten. In 1767 werd die kapel door een standbeeld van Johannes Nepomuk vervangen. In 1795 gooiden de Franse revolutionairen het in de Reie. In 1811 werd er een nieuw standbeeld onthuld en de brug kreeg de naam van Nepomucenusbrug. Op de oever tegenover die brug staat het huis in gotische stijl waarin in de 16de eeuw de Spaanse koopman Juan Perez de Malvenda woonde.

Sur le pont de l'Eekhout, les débardeurs (*pijnders*) construisirent, en 1421, une petite chapelle avec crucifix. Elle fut remplacée en 1767 par la statue de saint Jean Népomucène. Jetée à l'eau par les révolutionnaires français en 1795, elle fut replacée en 1811 et donna son nom au pont, face à la maison d'angle gothique qu'habitait, au XVIᵉ siècle, le marchand espagnol Juan Perez de Malvenda.

The stevedores (*pijnders*) built a little chapel with a crucifix on the Eeckhout bridge in 1421. It was replaced in 1767 by a statue of St. John Nepomuk. Thrown in the water by the French revolutionaries in 1795, it was put back in 1811 and gave its name to the bridge. It faces the Gothic house inhabited in the 16th century by Juan Perez de Malvenda, a Spanish merchant.

Auf der Eekhoutbrücke bauten die Dockarbeiter 1421 eine kleine Kapelle mit Kreuz. 1767 wurde sie durch eine Statue des hl. Nepomuk ersetzt. Nachdem die französischen Revolutionäre diese 1795 im Wasser versenkt hatten, errichtete man 1811 eine neue und gab der Brücke den Namen des Heiligen. Im Eckhaus der Brücke gegenüber wohnte im 16. Jh. der spanische Kaufmann Juan Perez de Malvenda.

Sedert 1745 draagt de Zoutkaai of Zoutdijk de naam Rozenhoedkaai, een naam die verband houdt met de vele winkels in de buurt die de te Brugge in grote hoeveelheden vervaardigde rozenhoedjes verkochten.

Before 1745 the Rozenhoedkaai (Rosary Wharf) was called *Zoutkaai* (Salt Wharf). It owes its present name to the shops selling rosaries — a specialty of Bruges craftsmen — that were situated there.

Avant 1745, le Rozenhoedkaai (Quai du Rosaire) s'appelait Zoutkaai (Quai du Sel). Il doit son appellation nouvelle aux boutiques de chapelets — spécialité de l'artisanat brugeois — qui s'y trouvaient.

Der Salzkai erhielt 1745 seinen heutigen Namen, der Rosenkranzkai bedeutet, dies in Anspielung auf die vielen Geschäfte in der Nähe, die Rosenkränze — ein Markenartikel, in dem Brügge führend war — verkauften.

▽

Volgens sommigen betekent Dijver « diep, heilig water ». Verwijst die naam naar een heidense offerplaats in de buurt? Houdt hij verband met de heremiet Everelmus, die er een kluizenaarsbestaan heeft geleid? De eerste verklaring lijkt ons de beste te zijn. Wat er ook van zij, in de Middeleeuwen werden er haast nooit bomen in steden geplant en de Dijver werd pas in 1650 beplant.

The Dijver owes its name to a foreign word meaning "holy water". Is this due to the proximity of a former site of a pagan cult or because the hermit Everelme there lived his reclusive life? The first hypothesis seems the most likely.
In the Middle Ages trees were rarely planted in a city. The first plantations on the Dijver date from 1650.

Le Dijver doit son appellation à un mot étranger signifiant « eau sainte ». Est-ce à cause de la proximité d'un antique lieu de culte païen ou parce que l'ermite Everelme y vécut en anachorète? La première hypothèse semble la plus vraisemblable.
Au moyen âge, on ne plantait guère d'arbres dans la ville. Les premières plantations du Dijver datent de 1650 seulement.

« Dijver » bedeutet vermutlich « heiliges Wasser ». Gab es hier eine heidnische Kultstätte oder verdanken Wasser und Ufer dem Einsiedler Everelmus, der hier lebte, ihren Namen?
Ersteres ist wahrscheinlicher, doch die Bäume auf dem Ufer wurden erst 1650 angepflanzt; im Mittelalter pflanzte man kaum Bäume in den Städten.

▷

Op het middenpaneel van zijn « Laatste Oordeel » heeft Hiëronymus Bosch afgezien van het traditionele tafereel met de neerstortende verdoemden die in de hel belanden. In een verbijsterend visioen vol monsters en menselijke wezens, dat op een nachtmerrie lijkt, toont hij ons de hel die we in ons dragen. Gelukkig zweeft boven dat allemaal een geruststellende lichtbol met de tronende Verlosser. (Groeningemuseum)

In the central panel of his "Last Judgement", Hieronymus Bosch renounced the traditional fall into Hell of the damned. He produced a nightmarish vision of monsters and humans, evoking the personal hell in all beings. The whole is dominated by a tranquil, luminous sphere containing Christ in Majesty. (Groeninge Museum)

Pour le panneau central de son « Jugement Dernier », Jérôme Bosch a renoncé à la traditionnelle chute des damnés précipités en Enfer. Il nous donne une vision hallucinante de monstres et d'humains. C'est l'enfer intérieur de l'homme qu'il a voulu évoquer dans une vision de cauchemar. L'ensemble est dominé par la sphère lumineuse et apaisante où trône le Christ. (Musée Groeninge)

Auf der mittleren Tafel seines « Letzten Gerichts » stellt Hieronymus Bosch nicht wie üblich den Absturz der Verdammten in die Hölle dar, sondern eine fast halluzinative Vision von Monstren und Menschen, ein alptraumhaftes Bild der Hölle, die wir in uns tragen. Doch über allem schwebt beschwichtigend der thronende Christus in einem Globus aus Licht. (Groeningemuseum)

Toen hij bij Jan van Eyck het retabel bestelde waarop men hem met gebedenboek en bril voor de Madonna ziet knielen, was Joris van der Paele kanunnik van de St.-Donaaskerk en wilde hij een kapel van die kerk verfraaien.

De kanunnik is geflankeerd door zijn patroon Sint-Joris, die hem aan het kind Jezus voorstelt. Links staat Sint-Donaas gekleed in een brokaten mantel en voorzien van zijn attributen, het met kaarsen volgestoken rad en het aartsbisschoppelijk kruis.

Jan van Eyck schilderde het werk tussen 1434 en 1436. (Groeningemuseum)

To decorate a chapel in St. Donatian's church of which he was a Canon, Master George van der Paele commissioned Jan van Eyck to paint an altarpiece where he is depicted kneeling before the Madonna, holding his glasses and a prayer book. Beside him, his patron saint in battle armor presents him to the Virgin. One the left of the picture, St. Donatian, richly robed in brocade holds his two attributes : the spoked wheel with candles and the Archiepiscopal cross staff.

Jan van Eyck began the altarpiece in 1434 and finished it in 1436. (Groeninge Museum)

Pour orner une chapelle de l'église Saint-Donatien dont il était chanoine, Maître Georges van der Paele commanda à Jean van Eyck un retable où il se fit représenter agenouillé devant la Madone. Il tient en main un livre de prières et ses lunettes.

A ses côtés, son saint patron, en armure de combat, le présente à la Vierge. A gauche du tableau, saint Donatien, richement vêtu de brocart, s'est muni de ses deux attributs : la roue aux chandelles et la croix archiépiscopale.

Jean van Eyck commença le retable en 1434 et le termina en 1436. (Musée Groeninge)

Georg van der Paele, Kanonikus an der St.-Donatianskirche, wollte eine Kapelle dieser Kirche schmücken und bestellte darum bei Jan van Eyck das Gemälde, auf dem man ihn mit Gebetbuch und Brille in den Händen vor der Gottesmutter knien sieht.

Neben ihm steht sein Schutzpatron in voller Waffenrüstung und stellt ihn der Gottesmutter vor. Links steht, gekennzeichnet durch das mit Kerzen besteckte Rad und das erzbischöfliche Kreuz, der hl. Domitian in einem Mantel aus goldglänzendem Brokat.

Jan van Eyck begann das Werk 1434 und vollendete es zwei Jahre später. (Groeningemuseum)

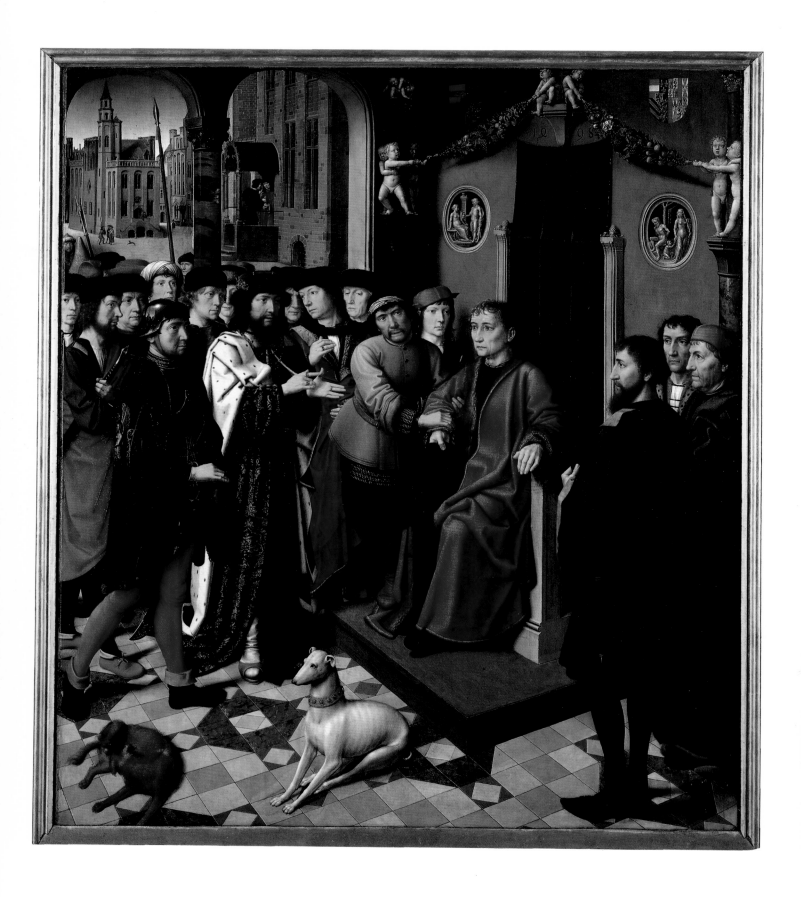

◁

Gerard David was van Nederlandse afkomst en werd in 1484 als « vreemde » in het Brugse schildersgild opgenomen. Het duurde niet lang of hij bekleedde belangrijke functies in de stad. « Het Oordeel van Cambyses » is geïnspireerd op een Persisch verhaal overgenomen uit Herodotus. Op het linkerpaneel omgeven hofdignitarissen en krijgers koning Cambyses die de plichtverzakende rechter laat aanhouden. Boven de zetel van de beschuldigde zijn er twee medaillons en staat het jaartal 1498.

A native of Holland, Gérard David was entered in the register of the Bruges painter's guild as a vremde or foreigner in 1484, but before long he held some important positions in the city. His "Judgment of Cambyses" was inspired by a Persian tale recounted by Herodotus. The left panel shows King Cambyses, surrounded by courtiers and warriors, having the corrupt judge arrested. The chair of the accused is surmounted by two medallions and the date 1498.

Originaire de Hollande, Gérard David était inscrit, en 1484, comme vremde (étranger) dans le registre de la guilde des peintres de Bruges. Mais il ne tarda pas à occuper d'importantes fonctions dans la ville. Pour son « Jugement de Cambyse », il s'est inspiré d'un récit persan repris par Hérodote. Le volet gauche montre le roi Cambyse, entouré de courtisans et de guerriers, qui fait arrêter le juge prévaricateur. Le fauteuil de l'accusé est surmonté des deux médaillons et du millésime 1498.

Der aus Holland stammende Gerard David wurde 1484 als Fremder in das Register der Brügger Malergilde eingetragen. Schon kurze Zeit darauf hatte er wichtige Ämter in der Stadt inne. Im « Urteil des Kambyses » greift er auf eine persische, von Herodot überlieferte Geschichte zurück. Die linke Tafel zeigt den von Höflingen und Kriegern umringten Kambyses, der den bestechlichen Richter gefangennehmen läßt. Über dem Sitz des Angeklagten sind zwei Medaillons angebracht und steht die Jahreszahl 1498.

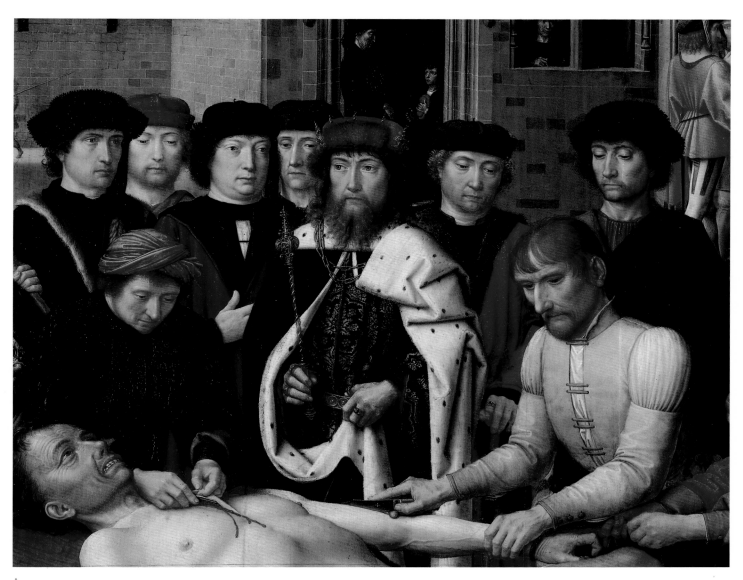

△

Het tweede luik toont op een erg realistische wijze hoe de plichtverzakende rechter bij levenden lijve en in aanwezigheid van koning Cambyses wordt gevild. De schilder legt de nadruk op het contrast tussen de pijn van de gestrafte Sisamnes en de onverschilligheid van de toeschouwers waarvan sommigen rustig blijven keuvelen alsof er niets aan de hand was. (Groeningemuseum)

The second panel details precisely the terrible punishment of the corrupt judge, flayed alive in the presence of the King. The painter stresses the contrast between the awful pain of the condemned judge and the indifference of the unconcerned audience. (Groeninge Museum)

Le second panneau détaille avec précision le supplice du juge prévaricateur, écorché vif en présence du roi Cambyse. Gérard David souligne l'opposition choquante entre la souffrance atroce du juge Sisamnès et l'indifférence des assistants dont certains bavardent avec un détachement total. (Musée Groeninge)

Die zweite Tafel zeigt fast peinlich genau die Bestrafung des pflichtvergessenen Richters, der in Anwesenheit des Königs lebend enthäutet wird. Der Maler unterstreicht den Gegensatz zwischen dem grausamen Schmerz, den Sisamnes erdulden muß, und der Gleichgültigkeit der zum Teil völlig teilnahmslos plaudernden Zuschauer. (Groeningemuseum)

Frans Pourbus de Jongere schilderde het dubbelportret van de aarts-hertogen Albert en Isabella kort na hun aankomst in de Lage Landen. Eigenlijk was hun opgedragen de noordelijke Verenigde Provinciën te heroveren, maar in feite beperkten ze zich tot de herovering van Oos-tende (1604) en sloten daarna met de Verenigde Provinciën het Twaalf-jarig Bestand (1609-1621), een ware weldaad na eenenveertig oorlogs-jaren. In Brugge zoals elders in de Zuidelijke Nederlanden bracht de doorbraak van de Contrareformatie ten gevolge van he Concilie van Trente en onder impuls van de aartshertogen een benadrukking en tentoonspreiding van de religieuze gevoelens teweeg. (Groeningemu-seum)

Frans Pourbus le Jeune a fait le double portrait des archiducs Albert et Isabelle, peu après leur arrivée dans les Pays-Bas. En principe, les archiducs avaient pour mission de reconquérir les provinces du Nord mais pratiquement, ils se contentèrent de s'emparer d'Ostende, en 1604, et de conclure avec les Provinces Unies une trêve de douze ans (1609-1621) particulièrement bienvenue après 41 années de guerre. A Bruges comme dans l'ensemble des Pays-Bas, l'impact de la Contre-Réforme, décidée par le Concile de Trente, se traduisit, sous l'impulsion des archiducs, par une grande extériorisation des sentiments religieux. (Mu-sée Groeninge)

Frans Pourbus the Younger painted the double portrait of the Archdukes Albert and Isabelle shortly after their arrival in the Low Countries. In principle, their mission was to regain the northern Provinces, but in practice they were content with seizing Ostend in 1604 and concluding the Twelve Years' Treaty with the United Provinces (1609-21), most welcome after forty one years of war. In Bruges, as in the whole of the Low Countries, the impact of the Counter Reformation, under the patronage of the Archdukes, led to a great upswelling of religious sentiments. (Groeninge Museum)

Franz Pourbus d.J. malte dieses Doppelporträt der Erzherzöge Albert und Isabella kurz nach deren Ankunft in den Niederlanden. Eigentlich sollten sie die nördlichen Provinzen zurückerobern, doch nachdem Ostende sich ergeben hatte, schlossen sie den Zwölfjährigen Waffenstillstand (1609-1621) mit den Vereinigten Provinzen. Nach den bereits 41 Jahre währenden Kriegswirren war dies eine willkommene Atempause. Wie anderwärtig kam auch in Brügge die vom Tridentinischen Konzil initiierte und von den Erzherzögen geförderte Gegenreformation zum Zuge. Dies führte u.a. zu einer ausgeprägten Zurschaustellung der religiösen Gefühle. (Groeningemuseum)

◁

Heel wat tijdgenoten of leerlingen van Hans Memling werden geïdentificeerd op basis van één schilderij dat aan hen is toegeschreven. Dit is o.a. het geval voor de Meester van de Lucialegende. Op de achtergrond van het paneel met de tronende St.-Niklaas heeft hij een zeer getrouw stadsgezicht van Brugge met torens en al geschilderd. (Groeningemuseum)

Concurrents ou disciples de Hans Memling, certains peintres brugeois ont été identifiés à partir d'une œuvre qui leur est attribuée. Ainsi en est-il du Maître de la Légende de sainte Lucie dont on retiendra la description de Bruges et de ses tours qu'il fit à l'arrière-plan de son panneau « Saint Nicolas ». (Musée Groeninge)

Some unidentified Bruges painters, either competitors or followers of Hans Memling, are named after a work attributed to them. Such is the case of the Master of the Legend of St. Lucy. Shown here is his depiction of Bruges and its towers which form the background to his "St. Nicolas" panel.

Mehrere Zeitgenossen oder Schüler H. Memlings konnten nur anhand eines ihnen zugeschriebenen Werkes ermittelt werden, z.B. der Meister der Luzialegende, der auf dem Hintergrund des Gemäldes mit dem thronenden St. Nikolaus die Stadt Brügge und ihre Türme sehr genau abgebildet hat. (Groeningemuseum)

▷

Twee huizen in de Oude Burg tonen aan hoe de renaissancearchitectuur is geëvolueerd : het huis nr. 24 *(beneden)* genaamd De Olifant en het erg italianiserende, trouwens veel later gebouwde huis nr. 33 *(boven)*. In dit laatste zijn vanaf de eerste verdieping alle ingrediënten van de laat-renaissancistische stijl aanwezig : driehoekige, dan afgeronde frontons boven de ramen, twee medaillons met mythologische figuren ter hoogte van de tweede verdieping en aan weerszijden van de topgevel weinig opdringerige voluten die de barokstijl aankondigen.

Dans l'Oude Burg, deux maisons jalonnent l'évolution architecturale de l'esprit de la Renaissance. Celle du 24 *(en bas)*, dite *De Olifant*, et celle du 33 *(en haut)*, d'ailleurs plus tardive, franchement italianisante. A cette dernière rien ne manque à partir du premier étage. Les frontons triangulaires puis arrondis couronnent les fenêtres. Au deuxième étage, deux médaillons représentent des personnages mythologiques. De discrètes volutes flanquent le pignon et annoncent un décor baroque.

On the Oude Burg two houses trace the architectural evolution of the Renaissance style, that of number 24 *(lower)* called *De Olifant* and that of number 33 *(upper)*, considerably later and definitely Italianate. Nothing is lacking, right from the first storey where triangular, then curved, pediments crown the windows. On the second storey two medallions portray mythological figures. Restrained volutes flank the gables, foreshadowing the baroque style.

In der Oude Burg (alten Burg) kann man an zwei Häusern sehen, wie sich der Renaissancestil entwickelt hat. Es sind De Olifant (Nr. 24, *oben*) und das später und in italisierendem Stil gebaute Haus Nr. 33 *(unten)*. In diesem sind die Fenster der ersten Etage mit Giebeldreieckchen gekrönt. Eine Etage höher sind in Medaillons mythologische Gestalten dargestellt. Oben kündet noch verhaltenes Schweifwerk das Barockzeitalter an.

◁ In de Onze-Lieve-Vrouwekerk staat, in een donkere nis die de witheid van het marmer prachtig doet uitkomen, de Madonna met Kind van Michelangelo, een standbeeld dat een ontroerende tederheid uitstraalt. De Brugse koopman Jan Mouscroen kocht het beeldhouwwerk in 1506 toen de schitterende carrière van de grote kunstenaar nog maar pas was begonnen.

A Notre-Dame, dans une niche noire qui souligne la blancheur du marbre, la Vierge à l'Enfant de Michel-Ange exprime une émouvante tendresse. L'œuvre fut acquise par le marchand brugeois Jan Mouscroen, en 1506, c'est-à-dire au début de la prestigieuse carrière du sculpteur.

Before the altar of the chapel of the Virgin in Our Lady's church, in a black marble niche which accentuates the whiteness of the marble, stands the touchingly tender "Virgin and Child" by Michaelangelo. The work was acquired by Jan Mouscroen, a merchant of Bruges, in 1506 at the beginning of the famous sculptor's career.

Michelangelos Brügger Madonna steht in der Liebfrauenkirche in einer schwarzen Nische, die das Weiß des Marmors vorzüglich zur Geltung bringt. Der Brügger Kaufmann Jan Mouscroen erwarb das Werk 1506, d.h. zu einer Zeit, als des Künstlers Gestirn noch im Aufgang begriffen war.

▷ Rond 1250 nam de bouw van de bakstenen toren van de O.-L-Vrouwekerk een aanvang. Pas eind de 14de eeuw was het 120 m hoge, door steunberen met nissen verstevigde bouwwerk voltooid. De huidige, slanke torenspits dagtekent van 1853-1858, de vier torentjes en de borstwering rond de spits van 1871.

Commencée vers 1250, l'édification en briques de la tour de Notre-Dame se poursuivit durant le siècle suivant. Haute de 120 mètres, elle est renforcée par de robustes contreforts à niches. Sa flèche élancée a été reconstruite en 1853-1858, tandis que les quatre tourelles et la balustrade qui l'entourent datent de 1871.

Begun around 1250, the construction of the brick tower of Our Lady continued into the following century. One hundred and twenty meters high, it is reinforced by sturdy, bayed buttresses. Its slender spire was rebuilt in 1853-58, while the four turrets and the balustrade date from 1871.

Der 1250 in Angriff genommene Bau des Backsteinturms der Liebfrauenkirche wurde erst im folgenden Jahrhundert beendet. Das 120 m hohe Geviert wird durch gediegenes, mit Öffnungen versehenes Strebewerk gestützt. Die hoch emporragende Spitze wurde 1853-1858 wieder aufgebaut; die vier Ecktürmchen sowie die Brüstung dazwischen sind von 1871.

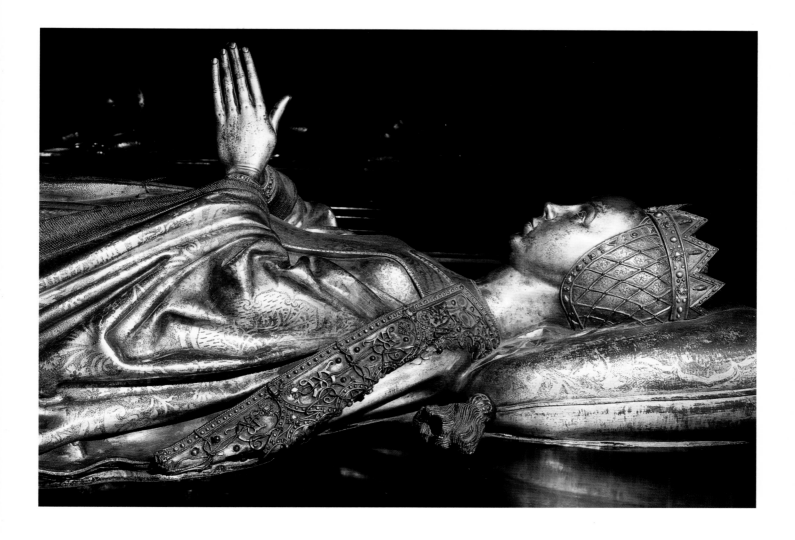

◁△

Het op het einde van de 13de eeuw begonnen en enkele decennia later afgewerkte koor heeft dezelfde vorm maar kleinere afmetingen als dat van de kathedraal van Doornik.

Boven de kooromgang vormen de steunbogen als het ware een voortzetting van de steunberen van de koorafsluiting, waardoor de druk van de gewelven gedeeltelijk wordt opgevangen. Hier is de Franse invloed op de Scheldegotiek duidelijk zichtbaar.

De praalgraven van Karel de Stoute en Maria van Bourgondië bevinden zich sinds kort niet meer in de P. Lanchalskapel maar weer in het hoogkoor. De aanmaak van het praalgraf van Maria van Bourgondië dateert van kort na haar overlijden.

The choir of Our Lady's church, begun at the end of the 13th century and finished at the beginning of the following century, reproduces, on a smaller scale, that of Tournai cathedral.

Above the ambulatory, flying buttresses prolong the butresses of the chevet, reducing the pressure of the vaulting and demonstrating the French influence on Scheldt Gothic.

The mausoleums of Charles the Bold and of Mary of Burgundy have been repositioned in the middle of the choir after a long exile in the Lanchals chapel. The tomb of the Duchess was executed several years after her death.

Le chœur de Notre-Dame, commencé à la fin du XIIIᵉ siècle et terminé au début du siècle suivant, reproduit celui de la cathédrale de Tournai mais en dimension notablement réduite.

Au-dessus du déambulatoire de Notre-Dame, les arcs-boutants prolongent les contreforts du chevet et contribuent à réduire la poussée des voûtes. Ils révèlent l'influence française sur le gothique scaldéen.

On a replacé au milieu du chœur les mausolées de Charles le Téméraire et de Marie de Bourgogne, longtemps exilés dans la chapelle de Lanchals. La tombe de la duchesse fut exécutée quelques années après sa mort.

Der am Ende des 13. und zu Beginn des 14. Jh. gebaute Chor der Liebfrauenkirche ist dem der Kathedrale von Tournai nachgebildet, hat jedoch bescheidenere Ausmaße.

Die Strebebögen über dem Chorumgang verlängern sozusagen die Strebepfeiler der Apsis und fangen den Druck der Gewölbe auf. Hier ist der Einfluß Frankreichs auf die Gotik im Scheldegebiet unleugbar.

Die Tumben Karls des Kühnen und Marias von Burgund, die lange in der Lanchals-Kapelle aufgestellt waren, sind wieder an ihren ursprünglichen Platz im Chor zurückgekehrt. Das Grabmahl der Herzogin wurde kurz nach ihrem Tod ausgeführt.

De hoofdgevel van het Gruuthusepaleis is door twee tegen elkaar aangebouwde torentjes — een in gotische, een in renaissancestijl — geflankeerd. Lodewijk van Gruuthuse bouwde hem tussen 1450 en 1475, ongeveer een halve eeuw nadat zijn vader Jan de langs de Reie liggende vleugel van het paleis had laten optrekken.

In 1596 werd het paleis verkocht aan Filips II van Spanje. In 1628 deed het dienst als Berg van Barmhartigheid, d.w.z. als lommerd. In die tijd werd de woonruimte horizontaal in twee verdiepingen boven de gelijkvloerse gesplitst. In 1875 verwierf de stad het gebouw, zodat het prachtige Archeologische Museum er kon worden ondergebracht.

Het zgn. toegangsportaal heeft een typisch Brugse houten gevel met ramen en een Mariabeeld met lantaarn op een der hoeken. Het lijkt haast op een huis zonder gelijkvloerse verdieping.

Flanked by its double turret, one side Gothic, the other side Renaissance, the main façade of the Gruuthuse mansion was added in the third quarter of the 15th century by Lodewijk van Gruuthuse, some fifty years after the construction of the house by his father, Jan.

The mansion was sold to Philip II in 1596. In 1628 it became the municipal pawnshop and was divided into two storeys above the ground floor. Finally, in 1875, it was acquired by the city of Bruges to house its renowned archaeological museum.

The entry porch of the Gruuthuse mansion, resembling a house lacking a ground floor, has a wooden gable in the typical Bruges style, pierced with windows, and carrying a small statue of the Virgin, lit by a lantern.

Flanquée de sa tourelle à double corps — l'un gothique, l'autre Renaissance — la façade principale de l'hôtel Gruuthuse a été édifiée au troisième quart du XVe siècle, par Louis de Gruuthuse, une cinquantaine d'années après la construction du bâtiment sur la Reie par son père Jean.

L'hôtel fut vendu à Philippe II en 1596. En 1628, on en fit le siège d'un Mont-de-Piété et on établit alors la division en deux étages au-dessus du rez-de-chaussée. Enfin, en 1875, la ville de Bruges l'acquit pour y installer son prestigieux musée archéologique.

Le porche d'entrée de l'hôtel de Gruuthuse comporte un pignon en bois typiquement brugeois, percé de fenêtres et orné d'une statuette de la Vierge qu'éclaire une lanterne. Il ressemble à une maison évidée de son rez-de-chaussée.

Der von zwei ineinader verschränkten Türmchen — einem in gotischem, einem in Renaissancestil — flankierte Hauptgiebel des Gruuthusepalasts wurde im Laufe des letzten Viertels des 15. Jh. von Ludwig van Gruuthuse gebaut, d.h. etwa fünfzig Jahre nachdem dessen Vater den Flügel an der Reie hatte bauen lassen.

1596 erwarb Philipp II. von Spanien den Palast. 1628 wurde das Gebäude als Pfandhaus benutzt. Aus dieser Zeit stammt die horizontale Raumaufteilung in ein Erdgeschoß mit zwei Stockwerken darüber.

Das als Eingangsportal dienende Gebäude hat einen für Brügge typischen Giebel aus Holz mit eingebauten Fenstern und einer Madonna mit Laterne. Das Ganze sieht aus wie ein Haus, dessen Erdgeschoß man wie eine Schublade herausgezogen hätte.

Het realisme, soms op het randje af van het schunnige, is een van de permanente kenmerken van de Vlaamse kunst. Op een van de talrijke balkzolen die in het Gruuthusemuseum worden bewaard, is een chirurgische ingreep uitgebeeld (18de eeuw, met motief van begin 16de eeuw). De chirurgijn verpleegt een aan aambeien lijdende vrouw, die gezien de omstandigheden haar rok heeft opgetrokken.

Le réalisme a toujours caractérisé l'art flamand; parfois il frise la grivoiserie. Parmi la collection de semelles de poutre conservées au Musée Gruuthuse, l'une d'entre elles (du XVIIIe siècle mais inspirée d'un motif du début du XVIe) représente l'intervention d'un chirurgien qui s'efforce de soigner les hémorroïdes d'une jeune femme dont la jupe a été troussée pour la circonstance.

Flemish art has always been characterized by realism, sometimes to the point of crudity. Among the collection of beam bases at the Gruuthuse Museum is an 18th century one, inspired by an early 16th century motif. It represents a surgeon trying to treat the haemorrhoids of a young woman who has pulled up her skirt for the occasion.

Wirklichkeitsnähe, ja bisweilen sogar etwas kruder Realismus sind ein Wesenzug der flämischen Kunst. Eine der zahlreichen Balkensohlen, die im Gruuthusemuseum aufbewahrt werden, zeigt einen chirurgischen Eingriff (18. Jh., nach einem Motiv vom Anfang des 16. Jh.). Der Medikus entfernt die Hämorrhoiden einer Dame, die, wie es die Situation erfordert, ihren Rock hochgezogen hat.

In de galerij van een der torentjes van het Gruuthusepaleis was er een tribune voor de door de stad erkende minstrelen. Ze waren met zijn vieren of vijven en ontvingen behalve de giften ook een vaste vergoeding. Op hun zilveren bazuinen en tropetten prijkten pennoenen met het wapen van Brugge.

La galerie d'une des tourelles de l'hôtel Gruuthuse offrait une place aux ménestrels assermentés de la ville. Ils étaient quatre ou cinq, avaient un traitement fixe et bénéficiaient de gratifications. Des pennons aux armes de Bruges garnissaient leurs trompes et trompettes en argent.

The gallery in one of the turrets of the Gruuthuse mansion was used by the licenced minstrels of the city. They were four or five, had a fixed salary and also received bonuses. Pennants with the arms of Bruges decorated their silver horns and trumpets.

Eine Galerie in einem der kleinen Türme des Gruuthusepalasts war für die beeidigten Minnesänger der Stadt bestimmt. Sie waren vier oder fünf an der Zahl und erhielten außer ihrem Gehalt noch Vergütungen. Ihre Posaunen und Trompeten waren mit Wimpeln geschmückt, auf denen das Stadtwappen prangte.

◁

De met bogen en nissen verfraaide gevel van het Gruuthusepaleis staat langs de Reie op de opslagplaats van de « gruut », een mengsel van kruiden om het bier op smaak te brengen, waarvan de familie het erg winstgevende monopolie had.

De klaverbladboog van de topgevel en zijn drie kleinere klaverbladbogen verwijzen duidelijk naar de wimbergen van de houtarchitectuur.

Ornée d'arcs et de niches, la façade de l'hôtel Gruuthuse sur la Reie se dresse à l'emplacement du magasin où était stocké le « gruut » dont le monopole apporta la fortune à la famille.

L'arc trilobé du pignon et ses trois trilobes plus réduits s'inspirent très nettement des gâbles de l'architecture en bois.

Trimmed with bays and arches, the façade of the Gruuthuse mansion on the Reie rises on the site of the warehouse where the "gruut", or grout, a mixture of herbs used by mediaeval brewers to flavour ale before hops were used, was stockpiled. The monopoly made the family rich.

The trefoil arch of the gable and its three smaller trefoils were directly inspired by the gables of wooden architecture.

Die zur Reie hin gelegene und durch Bögen mit Nischen gegliederte Fassade des Gruuthusepalasts steht an der Stelle, an der die « gruut », eine Kräutermischung, die das Bier schmackhaft und die Familie Gruuthuse reich machte, gelagert wurde.

Der Kleeblattbogen oben im Giebel und die kleineren Dreipaßbögen sind den Wimpergen der Holzbauten nachgebildet.

△

De galerijen en paardestallen aan de noordkant van het Gruuthusepaleis werden in 1483 voltooid. In 1908, toen ze instortten, haastte men zich om ze in neogotische stijl weer op te trekken. Tot kort geleden deden de gebouwen dienst als glyptotheek.

Du côté nord de la grande cour de l'hôtel de Gruuthuse, des galeries et des écuries furent achevées vers 1483. Les bâtiments s'étant écroulés en 1908, on s'empressa de les reconstruire en style néo-gothique pour y abriter, jusqu'à ces derniers temps, le musée lapidaire.

The galleries and stables on the north side of the large courtyard of the Gruuthuse mansion were finished in 1483. When they collapsed in 1908, they were quickly rebuilt in the Gothic Revival style. They now house the lapidary museum.

Zum großen Hof des Gruuthusepalasts hin liegen Pferdeställe und Galerien, deren Bau erst um 1483 beendet wurde. Da die Gebäude 1908 eingestürzt waren, beeilte man sich, sie in neugotischem Stil wieder aufzubauen. Bis vor kurzem war hier eine Glyptothek untergebracht.

△

Op fabeldieren of boosaardige wezens lijkende waterspuiers waren schering en inslag in de gotische bouwkunst. Aan de buitenkant van de kerken vervulden ze een dubbele functie : ze deden dienst als afvoerpijp en stelden de boze geesten voor die door de gelovigen op een afstand dienden te worden gehouden. Lodewijk van Gruuthuse heeft er de gevel van zijn paleis mee verfraaid, die door middel van een galerij met de bidtribune van het geslacht der Gruuthuses in de Onze-Lieve-Vrouwekerk was verbonden.

Sous forme d'êtres fantastiques ou malfaisants, les gargouilles appartiennent au vocabulaire architectural du gothique. A l'extérieur des églises, elles n'avaient pas seulement l'utilité pratique de faciliter l'écoulement des eaux pluviales, elles symbolisaient aussi les forces démoniaques tenues à l'écart des fidèles. Louis de Gruuthuse en a voulu pour décorer la façade de son hôtel qu'une galerie mettait en communication avec sa tribune en l'église Notre-Dame.

Gargoyles portraying fantastic or wicked creatures are part of the Gothic architectural idiom. They were not only practical for chanelling rain water but they also symbolized the demons warded off by faithful.
Lodewijk van Gruuthuse used them to decorate the façade of his mansion which was connected by a gallery to his private chapel in the church of Our lady.

Die wie Wahngebilde oder Ausgeburten der Hölle aussehenden Wasserspeier gehören zur Formensprache der gotischen Baukunst. An den Außenmauern der Kirchen erfüllen sie außer ihrer praktischen Funktion, den Regenwasserabfluß auf annehmbare Weise zu steuern, eine zweite : Sie waren Bilder der teuflischen Wesen, die es durch den Glauben zu bannen galt. Ludwig van Gruuthuse hat mit derartigen Wasserspeiern die Fassade seines Palasts geschmückt, von der aus eine Galerie zur Bettribüne der Gruuthuse in der Liebfrauenkirche führt.

▷

Toen rond 1230 een aanvang werd gemaakt met de bouw van het driebeukige kerkschip van de O.-L.-Vrouwekerk in Scheldegotiek, werd het onaangetast gebleven Romaanse koor voor de eredienst gebruikt. Pas in de tweede helft van de 13de eeuw werd het op zijn beurt omgebouwd, maar in baksteen, niet zoals het kerkschip in Doornikse steen. Dit was blijkbaar te wijten aan geldgebrek, want in 1289 verleende paus Nicolaas IV speciale aflaten aan degenen die de bouw van de O.-L.-Vrouwekerk activeerden.

Lorsque fut commencée, vers 1230, la construction en gothique scaldéen du vaisseau de trois nefs de l'église Notre-Dame, le chœur roman fut maintenu pour l'exercice du culte. Durant la seconde moitié du XIIIe siècle, ce chœur fut, à son tour, remplacé par une nouvelle construction. Cette fois en brique et non pas en pierre de Tournai, utilisée pour les nefs. L'argent semble avoir manqué pendant les travaux. En effet, une bulle du pape Nicolas IV accorda, en 1289, des indulgences à ceux qui contribueraient à leur achèvement.

When construction of the triple nave of the Church of Our Lady was begun around 1230 the Romanesque choir was maintained for religious services. During the second half of the 13th century this choir was replaced by a new construction in brick which was probably cheaper than the Tournai stone used in the naves. A papal bull, issued by Nicholas IV in 1289, gave indulgences to those contributing to the building.

Als 1230 der Bau der dreischiffigen Liebfrauenkirche im gotischen Stil des Scheldebeckens in Angriff genommen wurde, wurde der Gottesdienst im unverändert gebliebenen romanischen Chor abgehalten. In der zweiten Hälfte des 13. Jh. wurde dieser ebenfalls durch einen Neubau ersetzt. Man benutzte jedoch dabei, vermutlich aus finanziellen Gründen, keine Steine aus Tournai mehr, sondern Backsteine. 1289 gewährte sogar der damalige Papst Nikolaus IV. allen, die einen Beitrag zur Vollendung des Gotteshauses leisteten, einen besonderen Ablaß.

In de loop van de laatste drie decennia van de 14de eeuw schilderde de Meester van de Vorstenportretten dat van Lodewijk van Gruuthuse. De prestigieuze heer en Gulden Vliesridder draagt de ketting van deze orde, waarvan hij in 1461 lid was geworden. Zijn gevouwen handen wijzen erop dat het portret deel uitmaakte van een tweeluik waarop Onze-Lieve-Vrouw en haar Zoon waren uitgebeeld. Op de omlijsting staan het wapen en de levensleuze van het geslacht: « Plus est en vous » (Gij zijt geschikt voor meer). (Groeningemuseum)

During the last third of the 15th century the Master of Portraits of Princes painted this portrait of Lodewijk van Gruuthuse. He portrayed him wearing the collar of the Golden Fleece awarded to the magnate in 1461. His clasped hands suggest that it was originally part of a diptych with a pendant panel of the Virgin and Child. The frame bears the family arms and the motto "Plus est en vous". (Groeninge Museum)

Au cours du troisième tiers du XVe siècle, le Maître des Portraits princiers fit celui de Louis de Gruuthuse. Il l'a représenté portant le collier de la Toison d'Or que le fastueux seigneur avait reçu en 1461. Ses mains jointes suggèrent qu'à l'origine, une Vierge à l'Enfant constituait le panneau complétant un diptyque. Le cadre porte les armoiries de la famille et la devise « Plus est en vous ». (Musée Groeninge)

Der sogen. Meister der Fürstenporträts malte Ludwig van Gruuthuse zwischen 1470 und 1492. Der adlige Herr von hohem Rang trägt die Kette des Ordens vom Goldenen Vlies, die er 1461 empfing. Die gefalteten Hände lassen vermuten, daß die Tafel Teil eines Diptychons war, auf dem auch die Madonna mit dem Jesuskind abgebildet war. Auf dem Rahmen sieht man das Wappen der Familie mit dem Wahlspruch « Plus est en vous ». (= Zu mehr seid ihr fähig). (Groeningemuseum)

△

Aan de overkant van de brug vlak voor het portaal van het Gruuthusepaleis staat een herenhuis dat gebouwd is in de sobere, academische stijl die de helderheid der rede en der antieke bouwregels ook hier in Brugge wil laten zegevieren over de grilligheden van barok en rococo.

De l'autre côté du pont qui fait face au portail de l'hôtel Gruuthuse, le style sobre et académique d'une maison bourgeoise témoigne de la Raison et des préceptes de l'antique qui, à Bruges comme ailleurs, ont succédé aux fantaisies du baroque et du rococo.

The sober and restrained style of a burgher's house on the other side of the brigde facing the pprtal of the Gruuthuse mansion is an example of the Age of Reason and the precepts of antiquity which in Bruges, as elsewhere, replaced baroque and rococo frivolity.

Auf der Gegenseite der Brücke, die dem Portal des Gruuthusepalasts gegenüber liegt, steht ein Bürgerhaus, dessen nüchterner, akademischer Stil jeden Anklang an die Schweifungen des Barock und des Rokoko vermeidet und hier in Brügge wie anderswo in Europa der Aufklärung und der Rückkehr zur Antike zum Siege verhilft.

▷

De schoorstenen van de oude huizen die men van boven op het Gruuthusepaleis ontdekt, harmoniëren met het lijnenspel op de gevels net zoals de daken waarvan vorm en kleur telkens afgestemd lijken te zijn op hun omgeving.

Comme les toitures, à la fois diverses et délicatement mariées au décor, les cheminées des anciennes maisons participent au jeu architectural que l'on découvre du haut de l'hôtel Gruuthuse.

Like the various roofs, intimately part of the scene, the old house chimneys join in the architectural ensemble as seen when looking down from the Gruuthuse.

Wie die vielförmigen, sanft in ihre Umgebung eingefügten Dächer tragen auch die Schornsteine der alten Häuser viel zur architektonischen Schönheit bei, die man erblickt, wenn man vom Gruuthusepalast aus über die Stadt schaut.

◁▽

Net zoals de meeste huizen in de buurt werd het Gruuthusepaleis gerestaureerd terwijl de tuinen opnieuw werden aangelegd, zodat rond de brug over de Reie een smaakvol, bevallig geheel is ontstaan.

The mansion of the van Gruuthuse lords has been restored, as have most of the houses which border its gardens. The reconstructed portion near the bridge spanning the Reie has a refined charm.

L'hôtel des sires de Gruuthuse a été restauré, de même que la plupart des maisons qui bordent ses jardins. L'ensemble reconstitué près du pont qui enjambe la Reie est tout de grâce et de raffinement.

Wie die meisten Häuser des Viertels wurde der Gruuthusepalast restauriert und wurden die dazugehörenden Garten umgemodelt, so daß um die Brücke über der Reie herum ein anmutiges Ganzes entstand.

▷▷

(Volgende dubbele bladzijde)

De ontwikkeling van de ziekenhuizen hield gelijke tred met de groei van de stadsbevolking. Naast het rond 1276 gestichte gasthuis O.-L.-V.-ter-Potterie was er het St.-Janshospitaal, waaraan toen twee grote zalen werden toegevoegd. De zieken en gasten werden aanvankelijk door broeders verpleegd, vanaf 1397 ook door zusters die de regel van St.-Augustinus onderhielden.

De ziekenzaal (14de eeuw) en het klooster voor de hospitaalzusters (1539) liggen langs de Reie, die de bakstenen fundering al duchtig heeft uitgehold.

Zoals haast iedereen weet zijn zes authentieke werken van Hans Memling in de kapittelzaal van het hospitaal te zien, zodat men deze zaal het Memlingmuseum is gaan noemen.

(Next double page)

Hospitals were built as the population of Bruges increased. To the one built at the Potterie around 1276 were added the two great wards of St. John's Hospital. It was first served by monks who were later joined by nuns who had followed the Augustinians rule since 1397.

The 14th century sick ward and the nuns convent of 1537 border the Reie which is causing dangerous erosion of the foundations.

St. John's Hospital has six authenticated works by Hans Memling in the former chapter hall.

(Double page suivante)

L'accroissement de la population de Bruges provoqua le développement des établissements hospitaliers. A l'hôpital bâti à la Poterie vers 1276 s'ajoutèrent, à la même époque, les deux grandes salles de l'hôpital Saint-Jean. A sa fondation, celui-ci était desservi par des Frères. Ceux-ci s'adjoignirent des Sœurs qui, depuis 1397, suivaient la règle de saint Augustin.

La salle des malades (XIVe siècle) et l'habitation conventuelle des Sœurs (1539) bordent la Reie qui érode dangeureusement les briques des soubassements.

Faut-il le rappeler? L'hôpital Saint-Jean conserve, en l'ancienne salle capitulaire, six œuvres authentiques de Hans Memling.

(Nächste doppelseite)

Der Bevölkerungszuwachs führte zur Errichtung neuer Spitäler und zum Ausbau der bestehenden. 1276 wurde das Hospital ter Potterie gebaut, während man gleichzeitig das Johannes-Spital um zwei große Säle vergrößerte. Ursprünglich wurden die Kanken von Brüdern betreut; später kamen Krankenschwestern hinzu, ab 1397 ausschließlich Augustinerinnen.

Der Krankensaal (14. Jh.) und das Kloster der Schwestern (1539) liegen zur Reie hin, die jedoch die Backsteine des Fundaments in bedrohlicher Weise ausgelaugt hat.

Wie jeder weiß, sind im ehemaligen Kapitelsaal des Johannes-Spitals sechs authentische Werke von H. Memling zu sehen.

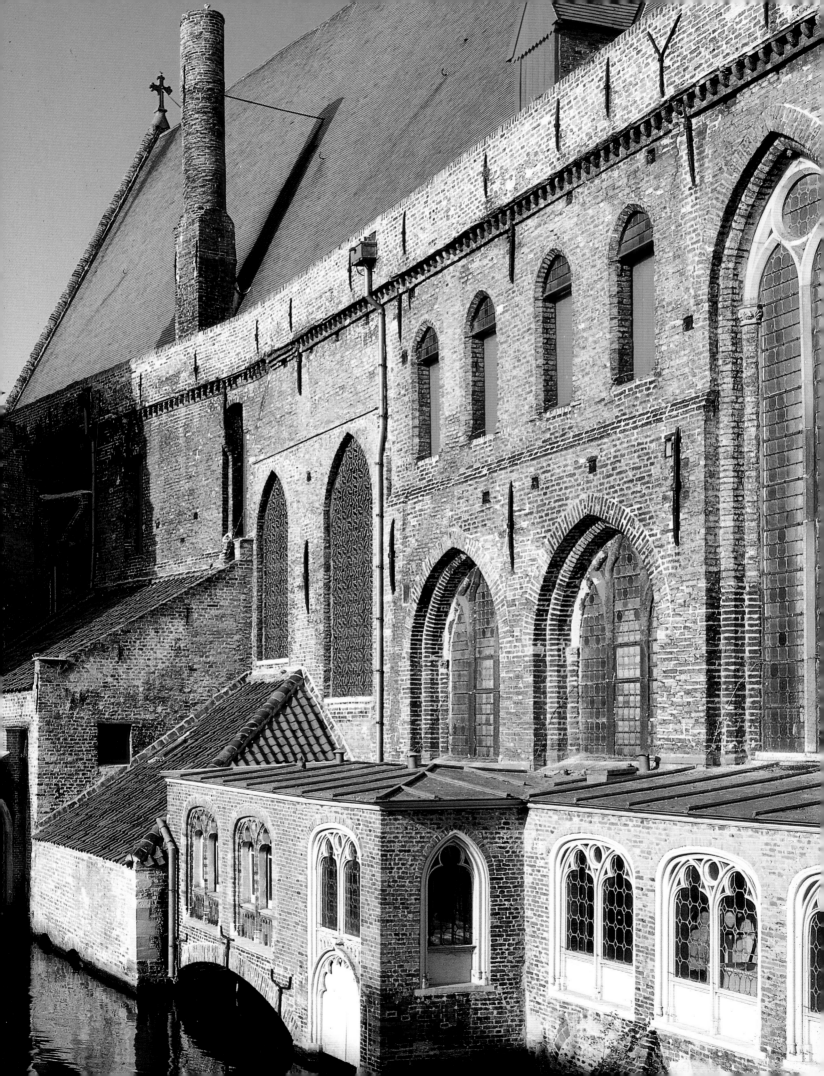

△ De in Selingenstadt bij Frankfurt am Main geboren Hans Memling werd op 30 januari 1465 ingeschreven als poorter van Brugge, hetgeen veronderstelt dat hij toen al enige tijd in de stad had vertoefd.

Op het linker paneel van het in 1487 geschilderde tweeluik reikt Maria haar zoon een mooie appel aan. Het bevallige landschap, dat door het openstaande raam is omkaderd, verleent een grotere diepte aan het schilderij. Maarten van Nieuwenhove, de stichter, was 23 jaar oud, toen hij zijn portret liet schilderen. Vijf jaar later werd hij schepen en in 1497 burgemeester van Brugge.

Born at Selingenstadt near Frankfurt-on-Main, Hans Memling obtained the right to become a burgher of Bruges on January 30th 1465 which means that he had already resided for some time in the Flemish city.

On the left panel of a diptych painted in 1487 the Virgin offers a succulent apple to her son. A window opening on a rustic landscape gives depth to the picture. The donor, Maarten van Nieuwenhove was 23 when his portrait was painted. Five years later he became an alderman of Bruges and, in 1497, the burgomaster.

Né à Selingenstadt, près de Francfort-sur-Main, Hans Memling obtint le droit de bourgeoisie à Bruges, le 30 janvier 1465. Cela signifie qu'il résidait depuis un certain temps déjà dans la cité flamande.

Sur le volet gauche du diptyque peint en 1487, la Vierge présente une jolie pomme à son fils. Une fenêtre ouverte sur un paysage champêtre ajoute de la profondeur au tableau. Le donateur, Maarten van Nieuwenhove, avait 23 ans quand son portrait fut exécuté. Cinq ans plus tard, il devint échevin de Bruges, puis, en 1497, bourgmestre.

Der in Selingenstadt bei Frankfurt a. M. geborene Hans Memling wurde am 30. Januar 1465 in die Bürgerschaft Brügges, wo er bereits seit geraumer Zeit wohnte, aufgenommen.

Auf der linken Tafel des 1487 entstandenen Diptychons hält die Gottesmutter ihrem Sohn einen schönen Apfel hin. Die jenseits des offenen Fensters sich erstreckende liebliche Landschaft verleiht dem Gemälde mehr perspektivische Tiefe. Martin van Nieuwenhove, der Stifter, war 23 Jahre alt, als Memling sein Porträt malte; fünf Jahre später wurde er Schöffe, 1497 Burgemeister Brügges.

Het beroemde Ursulaschrijn is 93 cm lang en 86 cm hoog. Het heeft de vorm van een draagbaar gotisch kerkje. Op de zes zijpanelen heeft Hans Memling op miniatuurachtige schilderijen taferelen uit het leven van de heilige afgebeeld, zoals dat in de Legenda aurea van J. de Voragine verteld wordt.
(Volgende dubbele bladzijde)
De laatste twee zijpanelen van het schrijn vormen een geheel met een ruim stadsgezicht van Keulen als achtergrond.

The celebrated reliquary of St. Ursula, 86 centimeters high and 93 centimeters long, is shaped like a portable chapel in the Gothic style.
On the six side panels Hans Memling has depicted, in the manner of illuminators of manuscripts, some scenes from the life of St. Ursula as recounted in the *Golden Legend* of Jacobus de Voragine.
(Next two pages)
The last two side panels of the reliquary form one composition. In the background is a panorama of Cologne.

Haute de 86 centimètres et longue de 93, la célèbre châsse de sainte Ursule a la forme d'une chapelle portative de style gothique. Sur les six panneaux de côté, Hans Memling a transposé en images, à la manière des enlumineurs, quelques épisodes de la vie de sainte Ursule telle que racontée dans la Légende Dorée par Jacques de Voragine.
(Double page suivante)
Les deux derniers panneaux de côté de la châsse forment une seule composition au fond de laquelle se développe un large panorama de Cologne.

Der Schrein der hl. Ursula ist 86 cm hoch und 93 cm lang. Er hat die Form einer tragbaren Kapelle in gotischem Stil. Auf den Bildfeldern der Langseiten hat Hans Memling mit an die Miniaturisten erinnernder Genauigkeit der Legenda aurea des J. de Voragine entnommene Szenen aus dem Leben der Heiligen dargestellt.
(Nächste Doppelseit)
Die zwei letzten Bildfelder auf den Langseiten des Schreins bilden ein Ganzes und haben die Stadt Köln als gemeinsamen Hintergrund.

Memling schilderde het drieluik met St.-Jan-de Doper en St.-Jan-de Evangelist voor het St.-Janshospitaal. Deze grootse compositie draagt de titel « Het mystiek huwelijk van de h. Catharina » (1479), omdat het middenpaneel de h. Catharina voorstelt, aan wier naar het kindje Jezus uitgestrekte vinger de Verlosser net een ring geschoven heeft.

Op het rechter zijluik zien we het visioen van Johannes op het eiland Patmos. (Memling Museum)

Memling painted the altarpiece of the two Saints John for the hospital of that name in 1497. This large composition is more commonly called "The Mystic Marriage of St. Catherine" because the central panel shows St. Catherine tendering her pearly hand to the Infant Jesus who prepares to put a ring on her finger.

The right wing of the triptych evokes the vision of St. John the Evangelist on Mount Patmos. (Memling Museum)

Memling peignit le retable des deux saints Jean pour l'hôpital de ce nom. Cette grande composition de 1479 est le plus souvent appelée « Le mariage mystique de sainte Catherine » parce que le panneau central montre sainte Catherine tendant sa main nacrée vers l'Enfant Jésus qui va lui passer l'anneau au doigt.

Le volet droit du triptyque évoque la vision de saint Jean à l'île de Patmos. (Musée Memling).

Memling malte den Altaraufsatz mit Johannes dem Täufer und Johannes dem Evangelisten für das nach ihnen benannte Spital. Dieses große Triptychon ist unter dem Namen « Die mystische Hochzeit der hl. Katharina » (1479) bekannt, weil auf der mittleren Tafel die hl. Katharina dargestellt ist. Sie streckt dem Jesuskind, das ihr einen Ring an den Finger steckt, ihre perlmutterweiße Hand entgegen.

Die rechte Tafel des Triptychons zeigt eine Vision des hl. Johannes auf der Insel Patmos. (Memling Museum)

De St.-Salvatorkerk (nu kathedraal; *rechts*) en de Onze-Lieve-Vrouwekerk *(links)* stonden aan de buitenkant van de eerste stadsom-walling, d.w.z. oorspronkelijk niet op Brugs grondgebied. De eerste maakte deel uit van de parochie Snellegem, de tweede van de tot het bisdom Utrecht behorende parochie Sijsele. Maar weldra groeide Brugge over de oevers van de Reie uit, zodat de later opgetrokken torens van beide kerken alom zichtbare oriëntatiepunten werden in een alsmaar dichter bevolkte stad.

Erigées l'une et l'autre en dehors de la première enceinte, les églises primitives de Notre-Dame *(à gauche)* et de Saint-Sauveur *(à droite)* n'appartenaient pas au territoire de la ville. L'une dépendait de la paroisse de Snellegem, l'autre de celle de Sijsele qui relevait de l'évêché d'Utrecht. Mais très vite Bruges se développa au-delà des rives de la Reie et, dès leur construction, les tours de Notre-Dame et de Saint-Sauveur se dressèrent comme de prestigieux repères partout visibles dans une cité où l'habitat était de plus en plus dense.

The original churches of Our Lady (left) and St. Saviour (right) were both built outside the first city wall and did not belong to the city's territory. One was tributary to the parish of Snellegem, the other to that of Sijsele in the Bishopric of Utrecht. Bruges quickly spread beyond the banks of the Reie and, when they were built, the towers of Our Lady and St. Saviour rose as notable landmarks, clearly seen in a more and more densely built city.

Ursprünglich standen sowohl die St.-Salvator- wie die Liebfrauenkirche außerhalb der Stadtmauern, folglich auch des Stadtgebiets. Erstere gehörte zur Pfarrei Snellegem, letztere hing vom Bistum Utrecht ab. Sobald sich Brügge jedoch auch jenseits der Ufer der Reie auszubreiten begann, wurden die später gebauten Türme beider Kirchen zu ausgezeichneten Anhaltspunkten inmitten der dichtbevölkerten Stadt.

◁

De echt Romaanse onderbouw van de monumentale westertoren van de St.-Salvatorkerk (sinds 1834 kathedraal) maakt nu deel uit van een na 1250 gebouwde kerk die de triomfocht van de Franse gotiek in Vlaanderen inluidt. Men begon toen met het gotische koor; het kerkschip en het transept werden pas later opgetrokken. Niettegenstaande de vele steigers zijn de hoge, brede bovenramen van de dwarsbeuk goed zichtbaar.

La partie romane de l'imposante tour de la cathédrale Saint-Sauveur a été intégrée dans l'édifice construit à partir de la seconde moitié du XIIIe siècle dans le style gothique français introduit en Flandre. Les travaux commencèrent par le chevet et se poursuivirent par la nef et le transept. Celui-ci (visible malgré les échafaudages qui couvrent une grande partie du sanctuaire) a les fenêtres supérieures hautes et larges.

The Romanesque portion of the imposing tower of St. Saviour's cathedral has been integrated into the edifice built in the second half of the 13th century in the French Gothic style, newly introduced into Flanders. The work began with the chevet, followed by the nave and transept. The transept, which can be seen despite the scaffolding covering the greater part of the sanctuary, has high, wide upper windows.

Der untere, wirklich romanische Teil des wuchtigen Turms der St.-Salvatorkirche ist in ein nach 1250 entstandenes Gotteshaus eingegliedert, das den Einzug der französischen Gotik in Flandern anzeigt. Zuerst baute man die Apsis, dann das Langhaus und das Querschiff, das oben sehr hohe, breite Fenster hat, die trotz der großen Gerüste sichtbar sind.

△ ▷ ▷

Ten minste sinds de 13de eeuw herdenken de Bruggelingen de terugkeer naar Vlaanderen van Diederik van de Elzas, kruisvaarder en graaf, door een indrukwekkende en ontroerende processie op de tweede maandag in mei. Als een lang lint van felle kleuren trekken groepen van vrijwillige acteurs door de straten en vertolken de geschiedenis der mensheid die door het Heilig Bloed werd vrijgekocht en verlost. De aankomst van de rijve van het H. Bloed, dit schitterende meesterwerk, dat de Brugse edelsmid Jan Crabbe in 1614-1617 schiep, vormt het hoogtepunt van deze processie.

Depuis le XIIIe siècle au moins, les Brugeois commémorent le retour en Flandre du comte-croisé Thierry d'Alsace par la spectaculaire et saisissante procession du second lundi de mai. En un long ruban aux couleurs vives, des groupes d'acteurs bénévoles racontent à la foule l'histoire du genre humain et de son rachat par le sang du Christ. L'apothéose en est l'arrivée de la châsse du Saint-Sang, magnifique pièce d'orfèvrerie exécutée de 1614 à 1617, par le Brugeois Jean Crabbe.

From as early as the 13th century the people of Bruges have commemorated the return to Flanders of the Crusader-Count Thierry of Alsace by a spectacular and moving procession on the second Monday of May. In a long, colorful cavalcade, groups of volunteer actors recount the history of mankind and its redemption by the blood of Christ to the crowd. The high point is the arrival of the reliquary of the Holy Blood, a magnificent piece of metalwork made by Jan Crabbe of Bruges between 1614 and 1617.

Seit dem 13. Jh. gedenken die Brügger der Rückkehr ihres Grafen und Kreuzritters Dietrich von Elsaß aus dem Heiligen Land in einer farbenreichen, eindrucksvollen Prozession, die am zweiten Sonntag im Mai durch die Stadt zieht. Gruppenweise wandern unbezahlte Schauspieler in greller Kleidung durch die Straßen und stellen die Geschichte der Menschheit bis zu ihrer Erlösung durch das Blut Christi dar. Den Höhepunkt bildet die Ankunft des prächtigen Schreins mit dem hl. Blut, den der Brügger Edelschmied Jan Crabbe 1614-1617 schuf.

▷▷
(Volgende dubbele bladzijden)

Rond 1225 begonnen enkele juffrouwen samen te leven als begijntjes op de plaats genoemd Vinea (wijngaard) bij de Roja (of Reie). Twintig jaar later verhief de gravin Margaretha van Constantinopel het beluik tot onafhankelijke parochie. Het begijnhof kende in de 15de eeuw een grote welvaart die, alhoewel onderbroken tijdens de godsdienstige troebelen in de volgende eeuw, nog toenam in de 17de en 18de.

Het begijnhof bestaat uit een veertigtal witgeschilderde huisjes met gevels die rond een ruim, met bomen beplant grasplein staan. Nu wonen er geen begijntjes meer, maar de leden van een in 1927 gestichte kloostergemeenschap die de regel van Sint-Benedictus onderhoudt.

Het Minnewater en de naar het begijnhof leidende stenen brug (1739-1740) zijn nooit betoverender dan op een winterochtend met rijm en ijzel. Dan is het alsof de tijd stilstaat en geen toerist verbreekt de betovering.

(Next double pages)

Around 1225, some young women formed a group to live the life of béguines, or secular nuns, near the *Roya* at the site called *Vinea,* or vine. Twenty years later, Countess Margaret of Constantinople had their close made into an independent parish. In the 15th century the Béguinage prospered, but in the following century endured a period of religious strife. It flourished anew in the 17th and 18th centuries.

Some forty little gabled houses surrounding a vast lawn, planted with trees, now shelter the Community of Daughters of the Church, founded in 1927, who follow the rule of St. Benedict.

The scene of the Minnewater and the stone bridge (1739-40) leading to the Beguinage is never as lovely as on a frosty winter morning when no one is about.

(Doubles pages suivantes)

Vers 1225, quelques jeunes filles se groupèrent pour vivre la vie de béguines, près de la *Roya,* au lieu-dit *Vinea* (la Vigne). Vingt ans plus tard, la comtesse Marguerite de Constantinople érigea leur enclos en paroisse indépendante. Au XVe siècle, le béguinage connut une période de grande prospérité, interrompue par les troubles religieux du siècle suivant, mais poursuivie et amplifiée au cours des XVIIe et XVIIIe siècles.

Entourant une vaste pelouse plantée d'arbres, une quarantaine de petites maisons blanches à pignons abritent désormais la communauté des Filles de l'Eglise, fondée en 1927. Cette communauté a adopté la règle de saint Benoît.

Le paysage du Minnewater et du pont en pierre (1739-1740) donnant accès au béguinage n'est jamais aussi fascinant qu'à l'aube givrée d'un jour d'hiver, quand aucun touriste ne hante les lieux.

(Nächste doppelseiten)

Gegen 1225 schlossen sich einige Jungfern zusammen, um bei der Roja (Reie) an einem mit dem Flurnamen Vinea (Weingarten) bezeichneten Ort als Beginen zu leben. Margaretha von Konstantinopel verhalf ihnen 20 Jahre später zur Anerkennung als unabhängige Pfarrei. Für den Beginenhof war das 15. Jh. eine Zeit großen Wohlstandes, der während der religiösen Wirren des 16. Jh. ins Stocken geriet, dann aber wieder zwei Jahrhunderte lang ständig zunahm.

Die etwa vierzig weißen, mit Giebeln versehenen Häuschen umgeben eine große, mit Bäumen bepflanzte Rasenfläche. Seit 1927 werden sie durch die Gemeinschaft der Töchter der Kirche, die die benediktinische Ordensregel befolgen, bewohnt.

Das Minnewater (Wasser der Liebenden) und die zum Beginenhof führende Brücke (1739-1740) sind am bezauberndsten, wenn an einem Wintermorgen die menschenleere Landschaft mit Reif überzogen ist.

◁

Naast de kapel (15de eeuw) staat het in de 17de eeuw herbouwde huis van de overste van de begijnen, de Grootjuffrouw. Onder het madonnabeeld boven de deur staan de woorden « Hier is 't de wijngaard van Maria » die aan de oorspronkelijke naam van de plek herinneren.

Next to the 15th century chapel is the house of the Superior, once called the Great Mistress and then the Great Lady. It was rebuilt in the 17th century. The Madonna above the door recalls the motto of the Béguinage: *"Hier is't de wyngaard van Maria"* or *"Here is Mary's vineyard."*

Jouxtant la chapelle du XVe siècle, l'habitation de la supérieure — appelée Grande Maîtresse puis Grande Dame — a été reconstruite au XVIIe siècle. La Madone au-dessus de la porte rappelle l'ancienne dénomination du béguinage : « Hier is't de wyngaard van Maria » (Ici est la vigne de Marie).

Neben der Kapelle aus dem 15 Jr. steht das im 17 Jh. neu errichtete Haus der Priorin, früher der Vorsteherin der Beginen. Die Inschrift « Hier ist der Weingarten Mariä » unter der Statue der Gottesmutter erinnert an den ursprünglichen Namen des Ortes.

△

Toen hij omstreeks 1550 « De Zeven Wonderen van Brugge » schilderde, probeerde Pieter Claeissens de Oude hoegenaamd niet een realistisch panorama van de stad te schetsen. Trouw aan de traditie keerde hij de gevels van de gebouwen naar de beschouwer toe, die de toren van de Onze-Lieve-Vrouwekerk, het Belfort, de oude Lakenhalle, het Oosterlingenhuis, de thans gesloopte Waterhalle en de bijna helemaal omgebouwde « Zeven Torens » kan herkennen. (Begijnhofmuseum)

When painting the "Seven Wonders of Bruges" around 1550, Pieter Claeissens the Elder did not attempt to present a panorama of the city but turned each façade to face the viewer. The tower of the church of Our lady, the belfry, the old Cloth Hall, the house of the Easterlings (the Baltic Hanse), a now vanished warehouse built on piles over the water, and the "Seven Towers", of which only vestiges exist today, can all be identified. (Museum of the Beguinage)

En peignant « Les Sept Merveilles de Bruges » vers 1550, Pierre Claeissens l'Ancien n'a pas tenté de donner une vue panoramique de la ville. A sa manière conventionnelle, il a représenté chacune des façades tournée vers le spectateur. On reconnaît la tour de Notre-Dame, le beffroi, l'ancienne halle aux draps, la maison des Orientaux, la Maison d'eau qui a disparu, et les « Sept Tours » aujourd'hui réduites à quelques vestiges. (Musée du Béguinage)

Als er um 1550 « Die Sieben Wunder Brügges » malte, versuchte Pieter Claeissens der Ältere keineswegs, ein wirklichkeitsgetreues Panoramabild der Stadt zu entwerfen. Traditionsgemäß drehte er die Giebel der Gebäude zum Zuschauer hin, der den Turm der Liebfrauenkirche, den Belfried, die frühere Tuchhalle, das Haus der Orientalen, die inzwischen abgerissene Wasserhalle und das bis auf einige Bauelemente völlig umgebaute « De Zeven Torens » (die 7 Türme erkennen kann. (Beginenhofmuseum)

◁

Te midden van de eenvoudige huisjes die de tuin van het Begijnhof omringen, staat een gotisch huis waarvan de stijl typisch Brugs is. De vensteropeningen zijn in boognissen gevat, die op de gelijkvloerse verdieping nog vrij bescheiden zijn, maar ter hoogte van de eerste en de tweede verdieping breder worden en in een driepasboog uitlopen. Er is hier geen huisdeur in de gevel; die bevindt zich in een bijgebouwtje vlak daarnaast.

Surrounded by simple houses lining the green of the Béguinage, is a house in the Bruges Gothic style. The windows are set in arched recesses, small on the ground floor, wider and decorated with trefoils on the first and second storeys. There is no entrance in the façade, access being given by an adjoining extension.

Entourée des simples demeures alignées le long du jardin du Béguinage, s'élève une maison caractéristique du style gothique brugeois. Les baies sont prises dans des niches cintrées, petites au rez-de-chaussée, plus larges et décorées d'un arc trilobé aux premier et deuxième étages. La façade n'est percée d'aucune entrée, l'accès se faisant par un édicule qui la jouxte.

Im Garten des Beginenhofes stehen die schlichten Häuschen nebeneinander. Inmitten dieser Häuschen steht ein gotisches Haus, dessen Stil für Brügge typisch ist. Die Öffnungen sind in Blendmaßwerk zusammengefaßt. Im Erdgeschoß ist dieses zurückhaltend, in den höheren Stockwerken breitet es sich aus und mündet in Kleeblattbogen. Die Haustür befindet sich hier in einem kleinen Anbau neben der eigentlichen Fassade.

△

Reeds voor de bouw van de grote stadsomwalling op het einde van de 13de eeuw was hier, waar de bedding van de Reie erg laag was, een meer ontstaan, dat dieper uitgegraven werd en als stroomopwaarts van de stad liggend handelsdok werd gebruikt. Alle waardigheidsbekleders die naar Brugge kwamen, werden er plechtig door de stadsmagistraat afgehaald. Sedert geruime tijd is het romantisch verstilde, met een waas van eenzaamheid omhulde Minnewater de meest bezongen plek van Brugge.
(Volgende bladzijde)
In de 16de eeuw was er aan het noordelijke uiteinde van het Minnewater een sas met drie deuren en daarbovenop het door M. Sabbe beschreven Sashuis (1622-1623).

Even before the great wall was built at the end of the 13th century, the Reie had formed a lake in a depression. This lake was later enlarged and given the name *Minnewater*. It was the commercial basin upstream from the city. Prominent people visiting the city were formally received there by the city magistrate. Calm and isolated, the *Minnewater*, or Lake of Love, is now a romantic spot often celebrated by poets.
(Next page)
In the 16th century the Minnewater was still closed to the north by a triple-gated lock, whence its name of *drie deuren*. The lock keeper's house was built on top of the hydraulic works around 1622-23.

Avant même la construction de la grande enceinte, à la fin du XIIIe siècle, la Reie avait formé un lac dans une dépression du terrain. Ce lac fut ensuite agrandi et prit le nom de Minnewater. C'était le bassin de commerce en amont de la ville. Les grands personnages en visite à Bruges y étaient solennellement accueillis par le Magistrat de la ville. Solitaire et tranquille, le Minnewater — le lac d'Amour — est désormais le paysage romantique le plus souvent chanté par les poètes.
(Page suivante)
Au XVIe siècle, le Minnewater était encore fermé, au nord, par une écluse à trois vannes. La maison de l'Eclusier (1622-1623) était établie sur l'ouvrage hydraulique.

Bevor am Ende des 13. Jh. die große Stadtmauer gebaut wurde, war die Reie in dieser Senke zu einem See ausgeufert. Diesen vergrößerte man und nannte ihn Minnewater. Es war der Binnenhafen für den Handel mit stromaufwärts gelegenen Ortschaften. Hier wurden die hohen Besucher festlich von den Stadtvätern empfangen. Das etwas verlassene und verträumte Minnewater — das Wasser der Minnenden, d.h. Liebenden — ist ein sehr romantischer Ort in Brügge, den viele Dichter besungen haben.
(Nächste Seite)
Im 16. Jh. gab es an der Nordseite des Minnewaters noch keine Schleuse. 1622-1623 baute man über dieser Sperrvorrichtung ein Häuschen für den Schleusenmeister.

△

De toen al een eeuw oude Gentpoort werd· in 1407 herbouwd. Die werkzaamheden gingen gepaard met de bouw van de stenen brug.

Op 3 mei, terwijl de H. Bloedprocessie door de stad trok, drong het leger van Filips van Artevelde door deze poort de stad binnen na een hevig gevecht te hebben geleverd tegen de Brugse volksmilitie die Lodewijk van Male trouw was gebleven.

Vieille de plus d'un siècle, la porte de Gand fut reconstruite en 1407. C'est de cette époque que date le pont de pierre.

C'est par la porte de Gand que l'armée de Philippe van Artevelde pénétra dans la ville, le 3 mai 1382 — jour de la procession du Saint-Sang — après un combat acharné contre les milices brugeoises, fidèles au comte Louis de Male.

The rebuilding of the Ghent gate was finished in 1407 by the construction of a stone bridge.

The army of Philip van Artevelede entered the city by this gate on May 3, 1382 — day of the Procession of the Holy Blood — after a furious battle with the Bruges militia, loyal to Count Louis de Male.

Das damals schon mehr als hundert Jahre alte Genter Tor wurde 1407 neu erbaut. Die steinerne Brücke stammt aus derselben Zeit.

Nach seinem erbitterten Kampf gegen die dem Grafen L. van Male treu gebliebene Stadtmiliz zog Ph. van Artevelde am 3. Mai 1382 — am Tag der Heilgblutprozession — mit seinem Heer durch dieses Tor in die Stadt ein.

▷▷

De godshuizen De Meulenaere (1613) werden tijdens een periode van verval en verpaupering opgericht. De volledig gelijkvloers gebouwde, aaneenpalende huisjes hebben elk een individuele huisdeur. De horizontale lijnen worden door de hoge schoorstenen en de geveltjes als het ware opgevrolijkt.

Bâties à une époque de déclin, les maisons-Dieu de Meulenaere (1613) alignent autour d'une cour les habitats à un seul niveau. Les entrées sont individuelles et l'horizontabilité de l'ensemble n'est rompue que par le jeu des pignons et des cheminées.

Built during a period of decline, the one-storey De Meulenaere almshouses (1613) surround a courtyard. They have individual entrances and the horizontality of the ensemble is broken only by the gables and chimneys.

Die Armenhäuser de Meulenaere (1613) sind Reihenhäuschen, die einer Periode des Niedergangs entstammen. Sie haben nur ein Stockwerk, jedoch individuelle Haustüren. Die Schornsteine und die kleinen Giebel schwächen das starke Überwiegen horizontaler Linien ab.

Rond 1435 liet Pieter Bladelin, raadsheer van Filips de Goede en schatbewaarder van de Orde van het Gulden Vlies, het naar hem genoemde hof in de Naaldenstraat bouwen. Reeds in 1451 trok hij zich terug in zijn kasteel te Middelburg (Vlaanderen). Kort voor zijn dood verkocht hij het hof aan het Brugse filiaal van de bank van het geslacht der Medici. De rijke Florentijnse koopman Tommaso Portinari stond toen aan het hoofd van dat filiaal en hij woonde in het hof tot zijn terugkeer naar Italië in 1497.

Pierre Bladelin, Councillor of Philip the Good and Treasurer of the Order of the Golden Fleece, built the mansion which bears his name in the Naaldenstraat around 1435. In 1451, however, he moved to his castle at Middelburg in Flanders. Shortly before his death he sold his house to the Bruges branch of the Medici bank. The wealthy Florentine banker, Tommaso Portinari, who was then the director, lived there until his return to Italy in 1497.

Pierre Bladelin, conseiller de Philippe le Bon et trésorier de l'Ordre de la Toison d'Or, construisit, vers 1435, l'hôtel qui porte son nom dans la Naaldenstraat. Mais dès 1451, il se fixa dans son château de Middelburg en Flandre. Peu avant sa mort, il vendit son immeuble à la filiale brugeoise de la banque Médicis. Le riche négociant florentin Tommaso Portinari en était alors le directeur et le resta jusqu'à son retour en Italie, en 1497.

Der Ratgeber Philipps des Guten und Schatzmeister des Ordens vom Goldenen Vlies Peter Bladelin ließ um 1435 herum das herrschaftliche Haus bauen, das seinen Namen trägt. Bereits 1451 zog er sich auf sein Schloß in Middelburg (Flandern) zurück. Wenige Jahre vor seinem Tod verkaufte er der Brügger Filiale der Bank der Medici das Haus. Der reiche Florentiner Kaufmann Tommaso Portinari leitete damals die Niederlassung und wohnte dort bis zu seiner Rückkehr nach Italien im Jahre 1497.

De economische achteruitgang van de handelshaven heeft er waarschijnlijk toe bijgedragen dat het middeleeuwse Brugge overeind is blijven staan. Het feit dat de huizen uit de 16de, 17de en 18de eeuw volkomen met de andere componenten van het stadsbeeld harmoniëren is even opmerkelijk. In de Naaldenstraat en in de omgelegen wijk is deze symbiose bijzonder geslaagd.

The economic decline of the port of Bruges preserved the mediaeval aspect of the city, but nonetheless, 15th, 16th and 17th century houses can be found integrated harmoniously into the urban fabric, such as those seen in the Naaldenstraat district.

S'il est vrai que la décadence économique de la ville portuaire a sauvegardé le visage médiéval de Bruges, il n'en est pas moins remarquable que les maisons des XVIe, XVIIe et XVIIIe siècles se soient harmonieusement insérées dans le tissu urbain. C'est aussi le cas dans le quartier de la Naaldenstraat.

Es mag stimmen, daß der Verfall des Handelshafens dazu beigetragen hat, daß Brügge sein mittelalterliches Aussehen behielt. Daß sich die Häuser aus dem 16., 17. und 18. Jh. so harmonisch wie hier in der Naaldenstraße in das vorgegebene Stadtbild einfügten, ist jedoch genauso bemerkenswert.

▽

Zoals de kerken van Lissewege en Damme werd de St.-Jacobskerk in de 13de eeuw in een overgangsstijl tussen de laat-Romaanse en de vroeg-gotische stijl gebouwd. Ze heeft een opmerkelijke viering met vieringtoren. Aangezien de groei van het inwonertal werd de aanvankelijk van de St.-Salvatorkathedraal afhankelijke kerk in 1240 een parochiekerk. De imposante bakstenen toren is van latere datum.

Built in the 13th century in an early Gothic style still close to late Romanesque, like the churches of Lissewege and Damme, St. James has a remarkable transept crossing in stone. With the increase in population, the church which was an adjunct of St. Saviour became a parish church in 1240. The massive brick tower is 15th century.

Conçue au XIIIe siècle dans un style gothique encore proche du roman tardif, qui caractérise les églises de Lissewege et de Damme, Saint-Jacques présente une remarquable croisée de transept réalisée en pierre. La population augmentant, l'église qui relevait de Saint-Sauveur devint paroissiale en 1240. Plus tardive (XIVe siècle), la tour en brique est massive.

Die St.-Jakobskirche wurde im 13. Jh. in einem Übergangsstil zwischen Spätromanik und Frühgotik gebaut, der auch die Kirchen von Lissewege und Damme kennzeichnet. Vor allem die steinerne Vierung ist bemerkenswert. Der Bevölkerungszuwachs hatte zur Folge, daß das von der St.-Salvatorkirche abhängige Gotteshaus bereits 1240 den Rang einer Pfarrkirche erhielt. Der wuchtige Backsteinturm kam erst im 14. Jh. hinzu.

▷

Als men het vanuit de bovenramen van het hof Bladelin bekijkt, heeft het hof van Gistel in de Naaldenstraat, vooral het portaal ervan, een al ietwat barokke allure. De traptoren daarentegen is nog echt laatgotisch.

Looking down from the Bladelin mansion, the Hof van Gistel in Naaldestraat reveals the beginning of the baroque in the architecture of the entrance portal. The staircase tower, on the other hand, is pure Late Gothic.

Vu du haut de l'hôtel Bladelin, le Hof van Gistel de la Naaldenstraat profile une architecture qui, par son portail d'entrée préfigure le baroque. En revanche sa tourelle d'escalier est du plus pur style gothique tardif.

Wenn man Hof van Gistel in der Naaldenstr. vom Obergeschoß des herrschaftlichen Hauses Bladelin aus sieht, werden die auf den Barockstil vorausdeutenden Merkmale deutlich, u.a. im Eingangsportal. Dies gilt jedoch nicht für den noch wirklich spätgotischen Treppenturm.

De Ezelpoort, die in de volksmond ook de Oostendse poort heet, werd in 1297 opgericht, in 1369-1370 en nog eens in 1613 herbouwd.

Op 11 juli 1803 deden de eerste-consul Napoleon Bonaparte en zijn eerste echtgenote Joséphine de Beauharnais via deze poort hun intrede in Brugge, dat ze drie dagen later via de Kruispoort verlieten.

First built in 1297, the *Ezelpoort,* or Donkey Gate, is also known as the Ostend gate and was rebuilt in 1369-70 and again in 1613.

On July 11, 1803 Napoleon, then First Consul, accompanied by his first wife, Josephine de Beauharnais, entered Bruges by this gate. He left three days later by the Holy Cross gate.

Edifiée en 1297, l'*Ezelpoort* — la porte des Baudets — communément appelée porte d'Ostende, fut reconstruite en 1369-1370, puis en 1613.

Le 11 juillet 1803, accompagné de sa première femme Joséphine de Beauharnais, Bonaparte, alors Premier Consul, fit son entrée à Bruges par cette porte. Il quitta Bruges, trois jours plus tard, par la porte Sainte-Croix.

Das 1297 gebaute Eselstor, auch Tor nach Ostende genannt, wurde 1369-1370, dann wieder 1613 neu erbaut.

Am 11. Juli 1803 zog Bonaparte mit seiner ersten Gemahlin Joséphine de Beauharnais als Erster Konsul durch dieses Tor in die Stadt ein. Vier Tage später, als er sie verließ, zog er durch das Kreuztor.

De Oosterse vorsten op deze «Aanbidding van de drie Koningen» zijn van de hand van een anonieme schilder die in bekwaamheid niet onderdeed voor de grootste meesters. In de registers van de Brugse en van de Antwerpse schildersgilden van de 16de eeuw komen er heel wat namen voor die in aanmerking komen als scheppers van min of meer maniëristisch werk zoals dit hier. (Groeningemuseum)

The oriental princes executed by the anonymous painter of the "Adoration of the Wise Men" are worthy of coming from the brush of a renowned master. In the 16th century the guild rolls in Bruges, like those of Antwerp, carried many names which should be assigned to works in the Mannerist style. (Groeninge Museum)

Les princes orientaux tels que les a imaginés le peintre anonyme de «l'Adoration des Mages» sont dignes du pinceau d'un maître au nom illustre. Il faut dire que la liste des membres de la guilde brugeoise comme de celle d'Anvers comporte, au XVIe siècle, beaucoup de noms qui mériteraient d'être attribués à des œuvres de tendance maniériste. (Musée Groeninge)

Die Fürsten aus dem Orient, die der anonyme Maler in dieser «Anbetung der Weisen aus dem Morgenland» hier vorführt, könnten Schöpfungen eines erstrangigen Meisters sein. In den Registern der Malerzünfte von Brügge und Antwerpen stößt man auf viele Namen, die als Urheber dieses oder ähnlicher, dem Manierismus zuzuordnender Werke in Frage kämen. (Groeningemuseum)

△
    Dicht bij de Vlamingbrug voorzag Herman van Outvelde, deken van het gilde der edelsmeden, zijn huis in 1514 van een erker in geprofileerde baksteen om langer bij zonlicht in zijn atelier te kunnen werken. Het hellende dak sluit de vlakken van de laat-gotische gevel met ingewerkte nissen op een erg stijlvolle wijze af.

    A proximité du Vlamingbrug, Herman van Oudvelde, le doyen des orfèvres, dota sa maison d'un petit balcon de briques moulurées (1514). Son atelier s'en trouva mieux éclairé par la lumière du jour. Le toit en pente coiffe élégamment les niches des travées et les registres de style gothique tardif.

    Near the Vlamingbrug, Herman van Oudvelde, dean of the silversmiths, had a little balcony made of molded bricks attached to his house as his workshop required the light of day (1514). The elegant sloping roof shelters the bays and the Late Gothic registers.

    Hermann van Oudvelde, der Zunftmeister der Edelschmiede, ließ 1514 einen Erker aus Back- und Formsteinen an sein Haus anbauen, um länger bei Tageslicht arbeiten zu können. Ein dreiseitig abgeschrägtes Dach überragt die von Nischen durchbrochenen Giebelfelder und spätgotischen Einfassungen.

▷
    In een overvloedig met renaissancedecoratie gestoffeerd en nogal met vaten volgepropt vertrek toont een anonieme kunstenaar ons het gracieuze gebaar van een tamelijk jonge vrouw die melk in de door een kind vastgehouden kom giet. Omwille van de droefheid die men het kind en ook de in de deuropening staande dienaar van het gezicht kan aflezen, werd dit mooie genrestuk « De weduwe » genoemd. (Goeningemuseum)

    Dans une pièce au riche décor Renaissance mais encombrée de tonneaux, un peintre anonyme décrit le geste élégant d'une femme encore jeune, versant du lait dans le bol que tient son enfant. Le visage triste de celui-ci ainsi que celui du serviteur dans l'embrasure de la porte ont valu à ce beau tableau de genre le titre de « La Veuve ». (Musée Groeninge)

    This picture by an anonymous artist, set in a richly decorated Renaissance room strangely full of kegs, depicts the graceful gesture of a youngish woman pouring milk into a bowl held by her child. The sad faces of the child and of the servant in the doorway have given this handsome genre painting the title of "The Widow". (Groeninge Museum)

    In einem üppig im Renaissancestil ausgestatteten Raum, in dem zahlreiche Fässer herumstehen, gießt eine junge Frau auf liebenswürdige Art und Weise Milch in die Schale, die ein Kind ihr entgegenhält. Die Traurigkeit, die man dem Kind sowie dem in der Türöffnung stehenden Diener vom Gesicht ablesen kann, hat dazu geführt, daß man dieses Werk eines Unbekannten « Die Witwe » genannt hat. (Groeningemuseum)

J. Provoost werd rond 1465 in Bergen (Henegouwen) geboren. Hij leerde het schildersvak bij S. Mirmion, werd in Antwerpen in het gilde opgenomen en vestigde zich daarna te Brugge. Toen Albrecht Dürer Antwerpen bezocht, ontmoette hij er de « goede schilder » J. Provoost, die hem naar Brugge uitnodigde. In het dagboek van zijn reis door de Nederlanden (1520-1521) schrijft Dürer: « En toen ik te Brugge aankwam, nam Jan Provoost mij in zijn huis als gast op en gaf dezelfde nacht een kostelijke maaltijd en nodigde om mij genoegen te doen, vele lieden uit. »

Het portret van « De Gierigaard » in het Groeningemuseum wordt door de meeste kunsthistorici aan J. Provoost toegeschreven.

Jan Provoost was from Hainaut, born in Mons around 1465. After studying with Simon Marmion and perfecting his craft at Antwerp, he settled in Bruges. When Albert Dürer visited Antwerp he met the "good painter" Jan Provoost who invited him to Bruges. Dürer wrote in his travel journal that "when I arrived in Bruges, I stayed with Jan Provoost who, the same evening, organized a sumptuous dinner and invited a lot of people for my pleasure."

The portrait of "The Miser" in the Groeninge Museum is attributed to Jan Provoost by most art historians.

Jean Provoost était un Hennuyer : il naquit à Mons vers 1465. Après avoir été l'élève de Simon Marmion et avoir acquis la maîtrise à Anvers, il se fixa à Bruges. Quand Albert Dürer se rendit à Anvers, il y rencontra « le bon peintre » Jean Provoost qui l'invita à Bruges. « Lorsque j'arrivai à Bruges, raconte Albert Dürer dans son journal de voyage, Jean Provoost m'hébergea chez lui et le même soir il organisa un magnifique repas et invita un grand nombre de personnes pour me faire plaisir. »

Le portrait de « L'Avare » au musée Groeninge est attribué à Jean Provoost par la plupart des historiens de l'art.

J. Provoost wurde 1465 in Mons (Provinz Hennegau) geboren. Er war ein Schüler S. Marmions, wurde Meister in Antwerpen und kam dann nach Brügge. Albrecht Dürer traf den ausgezeichneten Maler in Antwerpen, und dieser lud ihn zu einem Besuch in Brügge ein. In seinem Reisetagebuch erzählt Dürer, J. Provoost habe ihn in Brügge beherbergt und zu seiner Ehre sowie zu seinem Vergnügen ein Festmahl mit zahlreichen Gästen veranstaltet.

Von den meisten Kunsthistorikern wird das Porträt « Der Geizhals » J. Provoost zugeschrieben. (Groeningemuseum)

De in hout opgetrokken huizen hielden de oude, middeleeuwse traditie in ere. Het huis met houten gevel in de Korte Winkelstraat dateert uit de 16de eeuw, toen deze bouwwijze al erg uitzonderlijk was. Boven de bakstenen kelder verrijzen de drie telkens lichtjes uitkragende verdiepingen. Ze zijn vertikaal met planken bekleed en alleen beneden zijn er hoge vensters.

La tradition médiévale persistait forcément dans les maisons bourgeoises dont la façade était en bois. Celle de la Korte Winkelstraat qui date du XVIe siècle — ce qui est exceptionnel — dispose, audessus de la cave et brique, les encorbellements de trois niveaux de planches verticales. Seules les fenêtres du premier étage sont hautes.

Mediaeval traditions long persisted in bourgeois houses with wooden façades. The one in Korte Winkelstraat dates from the 16th century, which is quite rare. Over the brick cellars are three registers of corbellments in vertical planking. Only the first floor has high windows.

In den Hausgiebeln aus Holz ist die mittelalterliche Tradition besser erhalten als anderswo. Dieser hier in der Korte Winkelstr. ist aus dem 16. Jh. und allein schon deshalb eine Seltenheit. Das Fachwerk ragt über dem Keller aus Backstein in drei jeweils vorragenden Stockwerken empor, die vertikal mit Brettern ausgelegt sind. Hohe Fenster hat nur das Erdgeschoß.

De eerste pottenbakkerijen ontstonden vermoedelijk toen de stad werd gesticht. Het ambacht van de pottenmakers had in ieder geval al in 1357 een eigen zegel. In die tijd vestigden de leden van het gilde zich in de Pottenmakersstraat dicht bij de stradsomwalling van 1127. De huisjes in die straat zijn schoolvoorbeelden van de armelijke woningen die de Bruggelingen in de 19de eeuw lieten bouwen.

Pottery making dates from the foundation of Bruges, and the *pottenmakers* had their own seal in 1357. At that time the potters were established near the old rampart on the street bearing their name. The present houses are typical of those built by the impoverished citizens of Bruges in the 19th century.

Les débuts de la fabrication de poteries se confondent avec les origines de Bruges. Le métier des *pottenmakers* avait son sceau en 1357. A cette époque, les potiers se sont établis à proximité de l'ancien rempart, dans la rue qui porte leur nom. Les maisons actuelles de cette rue sont typiques de celles que les Brugeois, appauvris, construisirent au XIXᵉ siècle.

Seit der Entstehung Brügges gab es dort Töpferwerkstätten. 1357 besaß die Zunft ihr eignes Siegel. Zu der Zeit siedelten die Töpfer sich in der Nähe der Stadtmauern an und gaben so der «Pottenmakersstraat» ihren Namen. Die heutigen Häuser der Straße wurden im 19. Jh. gebaut. Ihnen ist die damalige Verarmung Brügges anzusehen.

In de loop van de 13de eeuw groeide Brugge boven de oude, door paalwerk en sloten versterkte omwalling uit. Van de nieuwe, in 1297 begonnen omwalling zijn slechts enkele bouwfragmenten bewaard gebleven zoals het deel van de toren aan de overkant van de reie, de vroegere sloot.

De Grauwwerkersstraat wordt reeds in de 14de eeuw vermeld. De consul van Genna woonde er, maar ging zich in de 16de eeuw in Antwerpen vestigen.

In the 13th century the city of Bruges had spread far beyond its old palisade and ditches. Only a few fragments of the new walls begun in 1297 have escaped demolition.

On the other side of a ditch which is now a canal, an old alley faces the vestige of a tower. The Grauwwerkersstraat was already mentioned by this name around 1400, and again in the 16th century when the Genoese consul who resided there, moved to Antwerp.

Au XIIIe siècle, la ville de Bruges débordait largement l'ancienne enceinte palissadée, renforcée de fossés. De la nouvelle enceinte dont la construction débuta en 1297, quelques fragments seulement ont échappé au démantèlement.

Une ancienne ruelle fait face au vestige d'une tour, de l'autre côté du fossé devenu canal. La Grauwwerkersstraat est déjà mentionnée sous ce nom vers 1400 environ, et encore au XVIe siècle, quand le consul de Gênes, qui y avait son habitation, la quitta pour se fixer à Anvers.

Im 13. Jh. wuchs die Stadt über die ersten, mit Pfahlwerk und Gräben verstärkten Stadtmauern hinaus. Von den neuen, ab 1297 gebauten Stadtmauern sind nur wenige Teile übriggeblieben, u.a. der Turm, den man jenseits der Gracht — früher ein Graben — sehen kann.

Die Straße trug ihren heutigen Namen Grauwwerkerstr. bereits im 14. Jh. In ihr wohnte der Konsul Genuas, bis er im 16. Jh. nach Antwerpen zog.

△
Pieter Pourbus, die zijn hele leven (1524-1584) in Brugge doorbracht, behoorde er tot de notabelen. Hij was niet alleen gewaardeerd als schildermeester, maar ook als bouwkundige en kartograaf. Zijn grote doeken zijn in italianiserende stijl geschilderd. Zijn portretten van rijke poorters daarentegen zijn veel nauwkeuriger. In overeenstemming met zijn opdrachtgevers, die er hun woonkamers mee verfraaiden, suggereerde hij de welgesteldheid van zijn modellen zonder ook maar het minste zweempje van dikdoenerij.

De jonggehuwden Jan van Eyewerve en Jacquemijne Buuck staan aan weerszijden van een venster dat op het Kraanplein en het huis De Haene uitkijkt, d.w.z. op de wijk waar de ouders van de pas getrouwde echtgenoot, rijke groothandelaars, woonden. (Groeningemuseum)

Peter Pourbus (1524-84) was a prominent citizen of Bruges where he worked all his life, appreciated not only for his painting but for his knowledge of engineering and cartography. Although his large works were Italianate, he employed a more restrained style in the portraits commissioned by wealthy burghers for their homes.

The newly wed couple, Jan van Eyewerve and Jacquemijne Buuck stand on either side of a window giving a view on the Crane Square and the De Haene house. This was the quarter where the groom's parents, wholesale merchants, lived. (Groeninge Museum)

A Bruges où il œuvra durant toute sa vie (1524-1584), Pierre Pourbus était un notable, apprécié pour sa peinture mais aussi pour ses connaissances d'ingénieur et de cartographe. Italianisant dans ses grandes œuvres, il garda dans ses portraits de bourgeois un style plus rigoureux, évoquant la richesse de ses modèles avec une grande économie de moyens. Ainsi le voulaient ceux qui les lui commandaient pour leurs salons.

Mariés depuis peu, les époux Jean van Eyewerve et Jacquemijne Buuck se tiennent de chaque côté d'une fenêtre. Celle-ci offre une vue sur la place de la Grue et sur la maison De Haene, c'est-à-dire le quartier qu'habitaient les parents du marié, commerçants et gros. (Musée Groeninge)

Petrus Pourbus (1524-1584) gehörte in Brügge, das er kaum je verließ, zu den Honoratioren und wurde als Maler, als fachkundiger Gerätebauer und als Kartograph geschätzt. Im Gegensatz zu seinen großen Werken in italianisierendem Stil sind seine Porträts wohlhabender Bürger viel sorgfältiger ausgeführt. Mit bewußt beschränkten Mitteln gelingt es ihm den Reichtum seiner Auftraggeber zu suggerieren und somit deren Wünschen zu entsprechen.

Jan van Eyewerve und Jacquemijne Bruuck sind ein jungverheiratetes Paar. Sie stehen rechts bzw. links von einem Fenster mit Aussicht auf den Kranplatz und das Haus De Haene, d.h. auf den Stadtteil, in dem die Eltern des Jungvermählten vom Großhandel lebten. (Groeningemuseum)

Het *Zwart Huis* (15de eeuw) in de Kuiperstraat was de opslagplaats en het weeghuis van de Spaanse kooplieden. Volgens een oude overlevering deed het in de 16de eeuw ook dienst als gevangenis. Het meest opvallend is de indrukwekkende stenen gelijkvloerse verdieping met de drie kelderopeningen. De siergevel met zijn brede plint loopt in een minuscule trapgevel uit. De bovenste twee verdiepingen zijn er vooral om esthetische redenen, namelijk om het dak te verdoezelen.

The 15th century *Zwart Huus* (Black House) in Kuiperstraat was the warehouse and weighhouse of the Spanish merchants. Tradition says that it was also used as a prison in the 16th century.
The ground floor of the Black House is in stone with three entrances to the cellars. The curtain wall façade with its high stone cornice is curiously topped with a tiny stepped gable. In fact, the two upper stories have a purely decorative function as they only exist to hide the roof.

La *Zwart Huus* (XVe siècle) de la Kuiperstraat servait d'entrepôt et de local des poids aux marchands de la nation espagnole. La tradition rapporte qu'on l'utilisait aussi comme prison au XVIe siècle.
De la Maison Noire on voit d'abord la masse du rez-de-chaussée en pierre, que creusent trois ouvertures donnant accès aux caves. La façade-écran avec haute plinthe en pierre se termine curieusement par un minuscule pignon à gradins. En fait, les deux étages supérieurs n'ont qu'un objectif esthétique; ils cachent la toiture de la maison.

Das Schwarze Haus (15. Jh.) in der Kuiperstraat (Küferstr.) war das Lagerhaus mit öffentlicher Waage der spanischen Kaufleute. Im 16. Jh. soll es als Gefängnis benutzt worden sein. Die drei Öffnungen in der steinernen Masse des Erdgeschosses führen in die Keller. Der Ziergiebel ruht auf einer hohen Steinplatte auf und ist oben durch einen winzigen Treppengiebel abgeschlossen. In ästhetischer Hinsicht sind die zwei oberen Stockwerke nur dazu da, das Dach zu verbergen.

◁◁
Rond het Jan van Eyckplein staan enkele opmerkelijke huizen uit de 16de eeuw. De strengheid van de gekanteelde siergevel van het Genthof wordt enigszins getemperd door de boven de kelderdeur vooruitspringende trap en het mooie standbeeld op de hoek. Een andere gevel wordt verfraaid door een poort in tudorstijl met mooie opvullingen in de korfbogen en aan de bovenkant door een reeks kantelen aan weerszijden van de trapgevel.

Several remarkable 16th century houses are grouped on Jan van Eyck square. The severity of the crenellated curtain wall façade of the Genthof is relieved by the staircase over the cellar entrance and by the corner statue. Another façade has a Tudor style portal with graceful inserts in the basket-handle arches and, at its summit, a series of crenellations centered on a step gable.

Sur la place Jan van Eyck sont groupées quelques remarquables maisons du XVIᵉ siècle. La rigueur de la façade-écran du Genthof, crénelée, se trouve compensée par l'escalier qui surplombe l'accès aux caves et par une statue d'angle. Une autre façade présente un portail de style Tudor, de gracieux remplages sur les arcs en anse de panier et, à son sommet, une série de créneaux, coupée en son centre, par un pignon à gradins.

Der Jan van Eyckplatz ist von bemerkenswerten Häusern aus dem 16. Jh. umgeben. Die strenge, durch Zinnen abgeschlossene Gliederung der Blendfassade des Genthof wird durch die den Kellereingang überragende Treppe und die an der Ecke aufgestellte Statue gemildert. Ein anderer Giebel ist durch ein Portal im Tudorstil, Korbbögen mit zierlichen Bogenfüllungen und Zinnen ausgezeichnet, in deren Mitte ein abgetreppter Giebel aufragt.

△
Detailfoto van een deel van « Het Oordeel van Cambyses ». (G. David, Groeningemuseum)

Détail du « Jugement de Cambyse ». (G. David, Musée Groeninge)

Detail of "The Judgment of Cambyses". (G. David, Groeninge Museum)

Nahaufnahme eines Details von « Das Urteil des Kambyses ». (G. David, Groeningemuseum)

Het huis der kooplieden van Genua (1399), ook Genuese Loge of Saaihalle genoemd, had oorspronkelijk een siergevel, maar tijdens de omvangrijke verbouwingswerkzaamheden in de 18de eeuw werd die door een klokgevel vervangen. De laat-gotische toegangspoort lijkt op die van het stadhuis, maar het timpaan bevat vijf schilden die rond St.-Joris-met-de-draak, de beschermheilige van Genua, gegroepeerd zijn.

Het huis vlak daarnaast met een siergevel waarvan de vertikaliteit in het oog springt, werd bewoond door de familie Van der Buerse, die aan de grondslag ligt van het woord « beurs » in verschillende talen.

The Genoese trading house of 1399 had a curtain wall façade but was completely remodelled in the 18th century, notably by the addition of a bell gable. The main door in Late Gothic is similar to those of the Town Hall. It is surmounted by a sculptured tympanum grouping five coats of arms around St. George, patron of Genoa, slaying the dragon.

The neighbouring house (1453) belonged to the van den Buerse family who gave their name to the *bourse* or stock exchange. Its curtain wall façade is remarkable for its exceptional height.

La maison des Génois (1399) qui, à l'origine, comportait une façade-écran, a été considérablement transformée au XVIIIᵉ siècle, notamment par la construction d'un pignon en cloche. La porte d'entrée en gothique tardif rappelle celle de l'hôtel de ville. Mais elle est surmontée d'un tympan sculpté groupant cinq écussons autour de saint Georges, patron de la ville de Gênes, terrassant le dragon.

A la famille van den Buerse — qui a donné son nom à la *bourse* — appartenait la maison voisine (1453) dont la façade-écran se caractérise par une exceptionnelle verticalité.

Das Haus der Genueser Kaufleute (1399) hatte anfänglich einen Ziergiebel, doch dieser wurde im 18. Jh. zum Teil durch eine geschweifte Giebelspitze ersetzt. Die spätgotische Pforte erinnert an die des Rathauses. Auf dem mit Skulpturen verzierten Bogenfeld darüber streckt der hl. Georg, der Schutzpatron der Genuesen, den Drachen nieder. Um ihn herum sind fünf Wappen in den Stein gehauen.

Der Familie van der Buerse, von deren Namen das Wort Börse stammt, gehörte das daneben stehende Haus (1453), in dessen Ziergiebel der Vertikalismus sozusagen auf die Spitze getrieben wurde.

▽

Tijdens de pestepidemies van de 15de en 16de eeuw hadden de Zwarte Zusters zich in het in 1361 gestichte klooster bij de Castanjeboom met veel toewijding het lot van de kinderen aangetrokken. Na de ontbinding van de orde door de Franse bewindslieden werd het gebouw gesloopt. Meer dan twee eeuwen eerder (1561) hadden de Zwarte Zusters al een nieuw klooster met een laat-gotische gevel zonder ook maar een enkel renaissance-ornament aan de Woensdagmarkt laten bouwen.

During the 15th and 16th centuries the Black Nuns were noted for their devotion in caring for children stricken by the Black Death in their convent of the *Castanjeboom*, founded in 1361. The building was demolished in 1798, six years after the dissolution of the Order by the French authorities. Before that, however, the Black Nuns had built a new convent in 1561 on the Wednesday Market. Rejecting the new styles, they chose a façade in Late Gothic.

Pendant les épidémies de peste des XVe et XVIe siècles, les Sœurs Noires s'étaient distinguées par leur dévouement à soigner les enfants dans leur couvent du *Castanjeboom*, fondé en 1361. Le bâtiment fut démoli en 1798, six ans après la dissolution de la congrégation par les autorités françaises. Mais avant cela, en 1561, les Sœurs Noires avaient construit leur nouveau couvent sur le marché du Mercredi. Loin de se laisser influencer par le style nouveau, elles avaient opté pour une façade en gothique tardif.

Die Schwarzen Schwestern hatten sich während der Pestseuchen vor allem der kranken Kinder angenommen und sie in ihrem 1361 gegründeten Kloster gepflegt. Nach der Auflösung des Ordens durch die französischen Machthaber, wurde dieses Gebäude abgerissen, doch die Schwestern hatten bereits mehr als zwei Jahrhunderte früher (1561) ein zweites Kloster gebaut, und zwar in spätgotischem Stil ohne das geringste Zugeständnis an den damals gängigen Baustil.

▷

De Poortersloge met het beroemde « beertje van de loge » dagtekent uit de 14de eeuw maar werd in de 15de en nog eens na de brand van 1755 weer opgebouwd. De gevel met traveeën en opengewerkte timpanen is typisch Brugs, de balustrade langs de vier kanten eerder Brabants.

The Poortersloge dates from the 14th century, was rebuilt in the following century and then once again after a fire in 1755. It is an example of the typical Bruges style of bays with openwork tympanums. The balustrade going around the building is of Brabantine inspiration.

La Poortersloge datait du XIVe siècle; elle fut reconstruite au siècle suivant, puis à nouveau, après l'incendie de 1755. On y retrouve le système typiquement brugeois des travées avec tympans ajourés. En revanche, la balustrade qui entoure le bâtiment est d'inspiration brabançonne.

Die Poortersloge, d.h. das Haus der Stadtbürger (14. Jh.) mit ihrem emblematischen Bärchen wurde im 15., dann nach dem Brand von 1755 im 18. Jh. neu erbaut. Der Giebel zeigt die für Brügge typische Gliederung mittels durchbrochener Giebelfelder. Die Balustrade hingegen verrät den Einfluß des Brabanter Stils.

De Bruggelingen vonden Corduaans leer een onovertroffen produkt, vooral om er muren mee te bespannen. Bij uitbreiding werd «Corduaans» gebruikt voor alle soorten van leer, zodat de Cordoeaniersstraat eigenlijk de straat van de schoenmakers is.

A tous les cuirs du monde, les Brugeois préféraient celui de Cordoue, en particulier pour tapisser les murs. Par extension, le qualificatif de cordouan était appliqué à tous les cuirs. Le nom de Cordoeaniersstraat indique donc la rue des Cordonniers.

Of all the leather in the world, Bruges preferred that of Cordova, especially for wall coverings. By extension, the term "cordovan" was applied to all leather. The name "Cordoeanierstraat" actually means Cordwainers street.

In Brügge war das Leder aus Cordoba sehr geschätzt, vor allem für die Anfertigung von Wandbehängen. Das vom Stadtnamen abgeleitete «Corduaans» wurde bald auf alle Arten von Leder angewandt, so daß die Cordoeanierstraat die Straße der Schuhmacher ist.

▷

De Openbare Bibliotheek van Brugge op het Jan van Eyckplein — eertijds de wijk der Hanzesteden — is in het Tolhuis (1477) gevestigd, waar destijds tol op de scheepsladingen werd geheven. Boven de laat-gotische hoofdingang prijkt het wapenschild van Pieter van Luxemburg, die het huis liet bouwen.
Het veel kleinere Pijndershuis (pijnder = sjouwer, scheepslosser) vlak daarnaast met opengewerkte balustrade bovenaan vormt een harmonieus geheel met het fraaie, opengewerkte voorportaal van het Tolhuis.

Sur la place Jan van Eyck qui correspond à l'ancien quartier hanséate, la bibliothèque publique occupe les locaux de la Tolhuis (1477) où se percevaient les droits de douane sur les chargements des bateaux. L'élégant portail en gothique flamboyant est surmonté des armoiries de Pierre de Luxembourg, le maître d'œuvre du bâtiment.
Jouxtant la Tolhuis, la petite maison des Débardeurs (pijnders) se termine, tout comme le portail de la Tolhuis, par une balustrade.

On Jan van Eyck square, which corresponds to the old Hanseatic quarter, the public library occupies the premises of the Tolhuis (Tollhouse) of 1447 where customs duties were levied on ships' cargo. The elegant flamboyant Gothic portal is surmounted by the arms of Pierre of Luxembourg, the master builder of the edifice.
Next to the Tolhuis stands the little guild house of the stevedores (pijnders) which terminates, as does the Tolhuis portal, with a balustrade.

Der Jan van Eyckplatz war früher das Hanseviertel. Die jetztige öffentliche Bibliothek befindet sich im Tolhuis (Zollamt, 1477), in dem der Zoll für die Schiffsladungen entrichtet werden mußte. Das Wappen Peters von Luxemburg, der das Haus bauen ließ, ragt über dem anmutigen spätgotischen Portal.
Neben dem früheren Zollamt ist das Haus der Dockarbeiter (Pijndershuis). Es hat, wie das Portal des Zollamts, oben einen balusterartigen Abschluß.

Van de eerste, in 1240 gestichte St.-Gilliskerk, die herhaalde malen is herbouwd, is niet veel overgebleven. Het is een driebeukige hallenkerk, waarvan de viering en de vierkante toren aan de St.-Jacobskerk doen denken.

De barokke, met witte stenen versierde gevel van 1716 bevat een opvallende, krulvormige gevelversiering in de vorm van een omgekeerde console. Vlak daarnaast staan in de Lange rei een huis uit de 19de eeuw en twee huizen met trapgevels.

Not much remains of the first church of St. Giles, founded in 1240 and often rebuilt. It is a hall style church with three naves. The transept crossing and the square tower are very similar to those of St. James.

The baroque façade of 1716 is trimmed with white stone and has a curious winged gable. It is situated next to a rather ordinary 19th century house and two houses with stepped gables on the Lange Rei.

Il ne reste plus grand chose de la première église Saint-Gilles, fondée en 1240 et souvent reconstruite. Elle est du type halle et compte trois nefs. La croisée du transept et la tour carrée sont proches parentes de celles de Saint-Jacques.

Décorée de pierres blanches, la façade baroque de 1716 comporte un curieux pignon à ailerons. Elle voisine, à la Lange Rei, une banale maison du XIXᵉ siècle et deux maisons à pignons à gradins.

Von der ursprünglichen, 1240 errichteten und mehrfach umgebauten St.-Gilleskirche ist nicht viel übriggeblieben. Es ist eine dreischiffige Hallenkirche, deren Vierung und quadratischer Turm denen der St.-Jakobuskirche ähneln.

Der mit weißen Steinen durchsetzte Barockgiebel (1716) wird oben durch einen kleinen, durch Stützen gehaltenen Aufbau abgeschlossen. Daneben stehen ein schlichtes Haus aus dem 18. Jh. und zwei oben abgetreppte Giebel.

Hier waar de Reie in de Damse Vaart uitmondt staan het oude Brugge, waarvan de inwoners alle hoop in het Zwin hadden gesteld, en het moderne, druk door de aak « Welvaart » bezochte Brugge tegenover elkaar.

At the confluent of the Reie and the Damme canal the former aspirations of a link to the Zwin join with the aspirations of modern Bruges, symbolized perhaps by the barge "Prospérité".

Au confluent de la Reie et du canal de Damme se joignent la Bruges moderne — symbolisée par le chaland « Prospérité » — et les espérances anciennes de la liaison avec le Zwin.

Hier, wo die Reie in den Kanal nach Damme mündet, treffen sich auch das moderne Brügge — heißt der flache Lastkahn nicht « Prospérité » d.h. Wohlstand — und das alte Brügge, das seine ganze Hoffnung auf das Zwin setzte.

Nadat hij ten tijde van de aartshertogen Albert en Isabella drie jaar lang Oostende had belegerd, verdreef de markies de Spinola Maurits van Nassau in 1604 uit de stad. Daar hij in een huis tussen het Jan van Eyckplein en de Engelse straat had gewoond, werd dat gedeelte van de Spiegelrei (links) Spinolarei genoemd.

Après un siège de trois ans, sous le règne des archiducs Albert et Isabelle, le marquis de Spinola enleva Ostende à Maurice de Nassau, en 1604. Comme il avait habité une des maisons entre la place van Eyck et la rue Anglaise, son nom fut attribué à toute cette partie du Spiegelrei (à gauche).

During the reign of the Archdukes Albert and Isabelle, the Marquis of Spinola finally took the port of Ostend in 1604, after a three-years' siege, from Maurice of Nassau. Because the Marquis had lived in one of the houses between Jan van Eyck square and English street, his name was given to this part of the Spiegelrei (at left).

Nachdem er Ostende zur Zeit der Erzherzöge Albert und Isabella drei Jahre lang belagert hatte, gelang es dem Marquis de Spinola 1604 endlich Mauritz von Nassau zu vertreiben. Da er damals zwischen dem Jan van Eyckplatz und der Englischen Straße gewohnt hatte, verlieh man diesem Teil der Spiegelrei seinen Namen (links).

△
Jozef de Meulemeester is een befaamd schilder-etser uit de 18de eeuw. Zijn huis in de St.-Annarei is een schoolvoorbeeld van de manier waarop de Lodewijk-XV-stijl in Brugge werd geïnterpreteerd en aangepast.

Joseph de Meulemeester était un peintre-graveur réputé au XVIIIᵉ siècle. Sa maison en la Sint-Annarei est un bon exemple de la manière brugeoise d'interpréter le style Louis XV.

Joseph der Meulemeester was a renowned painter-engraver of the 18th century. His house in St. Anna's street is a fine example of the Bruges interpretation of the Louis Quinze style.

Joseph de Meulemeester war im 18. Jh. ein bekannter Maler und Kupferstecher. Sein Haus in der St.-Annarei zeigt auf vorbildliche Weise, wie der Louis-quinze Stil in Brügge zum Zopfstil wurde.

▷
De St.-Annakerk (16de eeuw) met haar haast dorpse aanblik — ze lag dan ook zo ver van het stadscentrum! — werd ten tijde van de beeldstormerij verwoest. Toen ze in de 17de eeuw weer werd opgebouwd, verrees de toren op dezelfde plaats en bleef ze even onopgesmukt als in het begin.
Aan de kim zien we de torens van de St.-Salvatorkerk (nu kathedraal), het Belfort, de St.-Walburgakerk en het torentje van de Poortersloge, die over Brugge waken.

D'allure campagnarde — elle était éloignée du centre de la ville — l'église Sainte-Anne (XVᵉ siècle) fut totalement détruite par les iconoclastes. Lors de sa reconstruction au XVIIᵉ siècle, on garda l'emplacement de la tour et la sobriété de ses origines.
A l'horizon se succèdent les tours de Saint-Sauveur, du beffroi, de Sainte-Walburge ainsi que la tourelle de la Poortersloge.

Built at some distance from the city center, the rustic 15th century church of St. Anna was totally destroyed by the iconoclasts. The 17th century reconstruction preserved the site of the tower and followed the restrained style of the original.
Rising in turn on the horizon are the towers of St. Walburga, the belfry, St. Saviour and the turret of the Poorterloge.

Die ländlich anmutende, übrigens schon ziemlich weit von der Stadtmitte entfernte St.-Annakirche (15. Jh.) wurde von den Bilderstürmern völlig zerstört, doch auch als man sie im 17. Jh. wieder aufbaute, beließ man den Turm, wo er früher gestanden hatte, und vermied jede Prahlsucht.
Am Horizont halten die Türme der St.-Salvatorkirche, des Belfrieds, der St.-Walburgakirche und der kleinere der Poortersloge Wache.

Paus Martinus V verleende in zijn bul van 12 mei 1427 de gebroeders Pieter en Jacobus Adornes het recht om de door hun vaderen gestichte H.Grafkerk met een campanile te bekronen. Een paar jaar later kreeg de kerk bij haar inwijding «de glorieuze naam van Jeruzalemkerk». Volgens de legende zou het een getrouwe kopie van de H.Grafkerk te Jeruzalem zijn, maar de Oosterse allure van de achtkantige toren ten spijt blijkt dat niet waarschijnlijk.

De kerk was nooit een parochiekerk; het is een privékerk, bezit van de graven van Limburg-Stirum.

Vooral de crypte toont aan dat de Jeruzalemkerk als een repliek van de H. Grafkerk te Jeruzalem was bedoeld. Dit verklaart eveneens waarom het koor zo hoog ligt. Midden in het een halve eeuw later (1470-1482) gebouwde kerkschip staat de monumentale tombe van Anselmus Adornes en zijn vrouw Margareta van der Banck. De glasramen behoren tot de kostbaarste van de hele 15de eeuw.

A papal bull issued by Martin V on May 12, 1427 authorized Pieter and Jacob Adorno to errect a campanile on the Holy Sepulchre chapel built by their ancestors. The church was dedicated the following year to "the glorious name of Jerusalem". According to popular belief, the plan is that of the old church of the Holy Sepulchre in Jerusalem. This is unlikely, but the octagonal tower is strikingly oriental.

The church has never served a parish, remaining private, and now belongs to the Limburg-Stirum family.

When designing the lower part of the chevet of the Jerusalem church, the architect probably wanted to recall the tomb of Christ, which explains the extreme elevation of the choir. The little nave, built fifty years later between 1470 and 1482, gives prominence to the mausoleum of Anselm Adorno and his wife, Margaretha van der Banck. The stained glass is among the most precious of the 15th century.

Par une bulle du 12 mai 1427, le pape Martin V autorisa les frères Pierre et Jacques Adornes à construire un campanile sur la chapelle du Saint-Sépulcre, fondée par leurs ancêtres. L'église fut consacrée l'année suivante, «sous le vocable glorieux de Jérusalem». Selon la tradition populaire, le plan serait celui de l'ancienne église du Saint-Sépulcre à Jérusalem. C'est peu probable mais le fait est que la tour octogonale surprend par son orientalisme.

L'église n'a jamais été paroissiale; elle est demeurée privée et appartient aux Limburg-Stirum.

En concevant la partie basse du chevet de l'église de Jérusalem, l'architecte a sans doute voulu évoquer la tombe du Christ. D'où la forte surélévation du chœur. Construite un demi-siècle plus tard — entre 1470 et 1482 — la petite nef met en évidence le monument funéraire d'Anselme Adornes et de son épouse Marguerite van der Banck. Les vitraux comptent parmi les plus précieux du XVe siècle.

In seiner Bulle vom 12. Mai 1427 gestattete Papst Martin V. den Brüdern P. und J. Adornes, die von ihren Ahnen errichtete und dem hl. Grab gewidmete Kapelle mit einem campanileartigen Turm zu bekrönen. Bei der Einweihung ein Jahr später erhielt die Kirche «den glorreichen Namen Jerusalemkirche». Der Volksmund behauptet zwar, ihr Plan entspreche dem der Kirche zum hl. Grab in Jerusalem, doch trotz des achteckigen, recht orientalisch anmutenden Turmes ist das sehr zu bezweifeln.

Diese Kirche war nie eine Pfarrkirche; sie ist privates Eigentum derer von Limburg-Stirum.

Die Krypta der Jerusalemkirche zeigt, daß der Baumeister das Heilige Grab nachbilden wollte. Darum liegt das eigentliche Chor so hoch. In der Mitte des kurzen, zwischen 1470 und 1482 gebauten Kirchenschiffes ragt das Grabmal des Anselmus Adornes und seiner Gattin Margaretha van der Banck. Die bunten Kirchenfenster zählen zu den wertvollsten des 15. Jh.

Guido Gezelle, de grootste Vlaamse dichter van de 19de eeuw, werd op 1 mei 1830 geboren in de helemaal in de lengte gebouwde stedelijke boerderij, waarin zijn met Monica Devriese getrouwde vader Pieter Jan een tuiniersbedrijfje exploiteerde. Hij prees met vurige vinnigheid de welluidendheid van het Vlaams :
De vlaamsche tale is wonder zoet,
voor die heur geen geweld en doet,
maar rusten laat in 't herte...

Guido Gezelle, the greatest Flemish poet of the 19th century was born on May 1, 1830, on a narrow urban farm where his father, Pieter-Jan, a gardener, and his mother, Monica Devriese, resided. He celebrated with enthusiasm and subtlety the flavour of the Flemish language :
The Flemish tongue is sweetly soft
For those who do not abuse it
But keep it quietly in their hearts...

Guido Gezelle, le plus grand poète flamand du XIXe siècle, naquit, le 1er mai 1830, dans la ferme urbaine, toute en longueur, qu'habitaient son père Pieter-Jan qui était jardinier et sa mère Monica Devriese. Il célébra avec enthousiasme et finesse la saveur de la langue flamande :
La langue flamande est merveilleusement douce
Pour qui ne lui fait aucune violence
Mais la garde paisiblement en son cœur...

Guido Gezelle, der größte flämische Dichter des 19. Jh., wurde am 1. Mai 1830 in der sich die Straße entlang ausstreckenden Stadtgärtnerei geboren, in der sein Vater Pieter-Jan, der Gärtner war, mit seiner Gattin Monica Devriese wohnte. Er sang auf begeisterte und feinsinnige Weise das Lob der flämischen Sprache :
Das Flämische hat einen süßen Klang,
vermeidest du nur jeden Zwang,
läßt du' s nur ruhn an deinem Herzen...

Er zijn nog een groot aantal godshuizen bewaard gebleven. Het waren eenvoudige rijtjeshuizen of huisjes die uikwamen op een klein binnenplein. Meestal werden ze door de ambachten ter beschikking gesteld van gehandicapte of bejaarde ambachtslieden. De godshuizen hier in de Balstraat ontstonden rond 1600 en behoorden toe aan het ambacht der schoenmakers. Nu is daar het Museum voor Volkskunde ondergebracht.

A great number of almshouses, modest maisonettes built either in rows or around a courtyard, still exist. Most of the guilds had them for the use of victims of work accidents or for their aged members. The Balstraat maisonettes, built around 1600, belonged to the Cordwainers guild and now form the Bruges folklore museum.

Il subsiste un grand nombre de maisons-Dieu, modestes maisonnettes disposées soit en rangées soit autour d'une cour. La plupart des corporations en possédaient; elles les mettaient à la disposition des accidentés du travail et de leurs membres âgés. Les maisonnettes de la Balstraat, construites vers 1600, appartenaient à la corporation des cordonniers; elles abritent actuellement le musée du folklore brugeois.

Es gibt noch eine stattliche Anzahl Armenhäuser in Brügge. Es sind entweder schlichte Reihenhäuschen oder sie sind um einen kleinen Hof herum gebaut. Die meisten Handwerkszünfte verfügten über derartige Häuser, in denen ihre behinderten oder in den Ruhestand getretenen Mitglieder ihren Lebensabend verbrachten. Die Häuser hier in der Balstraße wurden um 1600 gebaut und gehörten der Zunft der Schuhmacher. Vor geraumer Zeit ist hier das Museum für Volkskunde eingerichtet worden.

De boogschutters maakten deel uit van de lijfwacht van de graven van Vlaanderen. Tot in 1478, ten tijde van Maria van Bourgondië, waren ze een onderdeel van het leger. In 1573 betrok de St.-Sebastiaansgilde een enkele jaren tevoren gebouwd pand vlak bij de Kruisvest. Dit herenhuis was zoals toen gebruikelijk voorzien van een traptoren.

Het afschieten van de papegaai raakte pas in de 17de eeuw in zwang. Te dien einde richtte de gilde in 1661 een staak op.

The archers were the bodyguards of the Count of Flanders and served in his armies until 1478 during the reign of Mary of Burgundy. In 1573 the Guild of Saint Sebastian acquired premises built a few years earlier against a rampart. Unlike most buildings, the Guild house had a staircase tower.

The practice of elevated popinjay shooting dates from the 17th century and a perch was erected for this purpose in 1661 by the Guild.

Les archers faisaient office de gardes du corps du comte de Flandre; on les trouvait dans ses armées jusqu'en 1478, sous le règne de Marie de Bourgogne. En 1573, la Guilde de Saint-Sébastien se dota d'un local construit, quelques années auparavant, contre le rempart. A l'instar de la plupart des demeures seigneuriales, la maison de la Guilde de Saint-Sébastien possédait une tour à escalier.

L'usage du tir en hauteur, pour atteindre le *papegai*, date du XVIIe siècle. A cet effet, une perche fut érigée par la Guilde en 1661.

Die Bogenschützen bildeten die Leibwache des Grafen von Flandern. Bis 1478, d.h. bis zur Regierung Marias von Burgund, waren sie in das Heer eingegliedert. 1573 erwarb die Schützenbruderschaft St. Sebastian ein einige Jahre vorher gegen die Stadtmauer gebautes Haus, dem wie so vielen herrschaftlichen Häusern ein Treppenturm angegliedert war.

Das Vogelschießen kam erst im 17. Jh. auf. Die dazu erforderliche hohe Stange wurde 1661 von der Zunft aufgestellt.

De uit zijn rijk verjaagde Engelse koning Karel II en diens broer Hendrik, hertog van Gloucester, werden tijdens hun verblijf in Brugge lid van de St.-Sebastiaans- of handboogschuttersgilde.

In de banket- of feestzaal van de gilde (1664) worden de zilveren pijl die de hertog van Gloucester zijn gastheren ten geschenke aanbood, en de portretbuste van Karel II door Frans-Christoffel Dieusart bewaard. Daar hangen eveneens een schilderij met de h. Sebastiaan door de Bruggeling Jan Garemijn en een portret van Leopold II door Frans-Jozef Kinsoen.

During their exile, King Charles II of England and his brother Henry, Duke of Gloucester whiled away the time by shooting at butts with the Archers of Saint Sebastian.

The meeting room of the Guild, built in 1664, still has the silver arrow presented by the Duke of Gloucester and also a bust of Charles II by François-Christophe Dieusart. The picture of Saint Sebastian is by Jan Garemijn of Bruges and the portrait of Leopold I is by François-Joseph Kinsoen.

Le roi d'Angleterre Charles II et son frère le duc de Gloucester occupèrent leurs loisirs, durant leur exil, à tirer au but parmi les archers de Saint-Sébastien.

Construite en 1664, la salle de réunion de la Guilde conserve la flèche en argent offerte par le duc de Gloucester, ainsi que le buste de Charles II par François-Christophe Dieusart. Le tableau représentant saint Sébastien est du Brugeois Jan Garemijn et le portrait de Léopold Ier de François-Joseph Kinsoen.

Während ihres Exils fanden der englische König Karl II. und sein Bruder der Herzog von Gloucester Zerstreuung auf den Schießständen der Schützenbruderschaft St. Sebastian.

In der Festhalle (1664) des Zunfthauses wird der silberne Pfeil, den der Herzog der Zunft schenkte, aufbewahrt und steht eine Büste Karls II. von Ch. Dieusart. Die Darstellung des hl. Sebastian ist vom Maler J. Garemijn (18. Jh.), das Porträt Leopolds II von F.-J. Kinsoen.

In tegenstelling tot de Gentpoort en de Ezelpoort is de Kruispoort van steen. Op 3 juli 1468 trok Margaretha van York, de jonge gemalin van Karel de Stoute, via deze poort de stad binnen. Ze droeg een kleed van wit fluweel en op haar golvend haar een kroon met schitterende, kostbare stenen. Zodra de palankijn de poort was gepasseerd, werd hij onmiddellijk en ondanks een hevige regenbui omringd « door allerhande groepsgewijs opgestelde musici die alles in het werk stelden om zich gehoor te verschaffen. »

Contrairement à la porte de Gand et à la porte des Baudets, la porte Sainte-Croix est bâtie en pierre. C'est par elle que Marguerite d'York entra à Bruges, le 3 juillet 1468. La jeune épouse de Charles le Téméraire, en robe de velours blanc, portait une couronne sertie de pierres précieuses sur ses cheveux flottants. Aussitôt, autour de la litière, il y eut « toutes manières d'instruments par ordre, qui se faisaient moult efforcement ouyr » malgré la pluie battante.

Unlike the Ghent and Donkey gates, Holy Cross gate is built in stone. On July 3, 1468, Margaret of York entered the city through it. The young wife of Charles the Bold wore a dress of white velvet and a crown set with precious stones on her flowing locks. Her litter was immediately surrounded by "all kinds of instruments which tried very hard to be heard" over the pouring rain.

Im Unterschied zum Genter Tor und zum Eselstor ist das Kreuztor aus Stein. Durch dieses Tor hielten Karl der Kühne und Margaretha von York am 3. Juli 1586 ihren Einzug in die Stadt. Die junge Fürstin trug ein Kleid aus weißem Samt und über ihrem wogenden Haar glitzerten die Edelsteine ihrer Krone. Trotz des niederprasselnden Regens umringten ordnungsmäßig aufgestellte Musiker ihre Sänfte und scheuten keine Mühe, um sich Gehör zu verschaffen.

△

De windmolens waren even typisch voor Brugge als de reien of stadsgrachten en de aanlegplaatsen. Op het stadsplan van de hand van Marcus Gerards(1562) staan er maar liefst vijfentwintig en drie eeuwen later waren er slechts twee minder. Nu blijven er nog drie over, die keurig gerestaureerd op de Kruisvest staan. De naam van de St.-Janshuismolen houdt verband met het feit dat men er maalrecht aan het St.-Janshospitaal moest betalen. De door een storm vernielde molen uit de 16de eeuw werd in 1770 door een nieuwe vervangen. Sedert 1964 is ze een museum en doorklieven haar wieken weer de lucht zoals weleer.

Bruges was as much a city of windmills as of canals and wharves. A map by Marc Gheeraerts (1562) shows twenty-five. There were still twenty-three in 1865, but now only three remain, carefully restored, on the Kruisvest. The windmill of St. John, formerly controlled by the Hospital, replaced in 1770 an old mill of the 16th century which had fallen over during a storm. Since 1964 its sails once more turn in the wind and it is now a museum.

Bruges était la ville des moulins autant que celle des canaux et des quais. La carte de Marc Gerards (1562) en montre vingt-cinq. En 1865, il y en avait encore vingt-trois. Il en reste trois, soigneusement restaurés, sur le Kruisvest. Celui de Saint-Jean sur lequel l'hôpital du même nom percevait jadis des droits, remplaça, en 1770, l'ancien moulin du XVIe siècle que la tempête renversa. Depuis 1964, ses ailes tournent à nouveau au gré du vent et il a reçu le statut de musée.

In Brügge waren die Windmühlen eben zahlreich wie die « reien » genannten Grachten. Auf dem Stadtplan von Marcus Gerards (1562) sind 25 Windmühlen verzeichnet; 1865 waren noch 23 in Betrieb. Nun stehen nur noch drei fachgerecht restaurierte Windmühlen auf der Kruisvest. Die im 16. Jh. durch den Sturm zerstörte St.-Janshuismolen — der Name weist darauf hin, daß sie dem Johannes-Spital Mahlzins entrichten mußte — wurde 1770 wieder aufgebaut. 1964 wurde innen ein Museum eingerichtet, und seitdem drehen ihre Flügel wieder Tag und Nacht wie Jahrhunderte zuvor.

De laatste indijking van het Zwin in de 19de eeuw dagtekent van 1872. Toen strekte de zeearm zich uit tot Sluis en zijn kleine haven. Daar mondde de Damse vaart uit in het Zwin. Deze met moeite afgedwongen verbinding met de zee, eertijds Brugges bron van welvaart, leidt nu nergens meer naartoe, maar de overblijfsels ervan dragen bij tot de ietwat weemoedige schoonheid van het Damse landschap.

Niet ver van de prachtig ingerichte St.-Christoffelhofstede met haar ingangspoort uit de 17de eeuw staat bij de verlaten vaart de Scellemolen, de windmolen van Damme, eenzaam te dromen in een ietwat melancholiek stemmend landschap.

Until 1872, year of the last dyking of the Zwin in the 19th century, a sea arm reached as far as the little port of Sluis. At this site the Bruges canal flowed into the Zwin. A last attempt to give Bruges access to the sea which had provided its prosperity in earlier times, the canal no longer leads anywhere, but contributes to the melancholy beauty of Damme.

Near the prosperous 16th century farm of St. Christopher with its 17th century porch, the solitary windmill of Damme adds a note of melancholy to the deserted canal.

Jusqu'en 1872, année du dernier endiguement du Zwin au XIXe siècle, le bras de mer se prolongeait encore jusqu'au petit port de Sluis. A cet endroit, le canal de Bruges débouchait dans le Zwin. Ultime tentative de rendre à Bruges l'accès à la mer qui fit sa prospérité d'antan, le canal ne conduit plus nulle part mais contribue à la beauté mélancolique du site de Damme.

A proximité de l'opulente ferme Saint-Christophe (XVIe siècle) dont le porche date du XVIIe siècle, le moulin à vent de Damme, solitaire, ajoute à la mélancolie du canal déserté.

Bis 1872, als das Zwin zum letzten Mal eingedeicht wurde, erstreckte sich der kleine Seearm noch bis zum kleinen Hafen von Sluis. Dort mündete der von Brügge kommende Kanal in das Wasser des Zwin. Die Überbleibsel dieses Versuchs, Brügge Zugang zum Meer, das es reich gemacht hatte, zu verschaffen, liegen jetzt zweck- und nutzlos in der schönen Landschaft und tragen zu ihrer melancholisch stimmenden Schönheit bei.

In der Nähe des prächtigen Gehöfts St.-Christoffelhofstede, dessen Tor aus dem 17. Jh. stammt, steht etwas einsam und melancholisch die Windmühle von Damme an dem kaum noch benutzten Kanal.

▽

Damme, ooit voorzien van haast onneembare versterkingen en overspoeld met rijkdommen, verzandde op het einde van de 14de eeuw.

Nu herleeft Damme, o.a. dankzij de stedelingen die pais en vree komen zoeken op het platteland. Eetgelegenheden zijn er bij de vleet en Tijl Uilenspiegel, natuurlijk vergezeld van Lamme Goedzak, was er zeker en vast graag te gast, want, zoals De Coster schrijft, Tijl werd geboren « te Damme in Vlaanderen, toen in de lente de meidoorn in bot stond ».

Damme, one of the best fortifed sites in Europe, with the richest warehouses, silted up at the end of the 14th century.

Recently, however, Damme has emerged from its somnolence as city dwellers seek the peace and calm of the countryside. Inns have multiplied, serving cuisine which would have delighted Lamme Goedzak, the companion of Tyl Eulenspiegel whom Charles de Coster said was born "at Damme in Flanders, in May when the hawthorn blooms".

Damme, l'une des places les mieux fortifiées d'Europe et l'un des entrepôts les plus riches du monde, s'ensabla à la fin du XIVe siècle.

Mais, depuis quelques années déjà, Damme a resurgi de ses ruines à la faveur du désir de paix et de calme qui pousse les citadins vers la campagne. Les auberges se sont multipliées; elles fleurent bon la cuisine qui eût ravi Lamme Goedzak, le compagnon de Thyl Ulenspiegel que Charles De Coster a fait naître « à Damme en Flandre, quand mai ouvrait leurs fleurs aux aubépines ».

Damme, einst eine der am besten befestigten und reichsten Städte des Westens, versandete am Ende des 14. Jh.

Doch seit einigen Jahren blüht Damme wieder auf. Die Ruhe und Stille suchenden Städter ziehen aufs Land. Es entstehen immer wieder neue Gaststätten, und es ist anzunehmen, daß sich Tyl Eulenspiegel und sein ständiger Begleiter Lamme Goedzak hier wieder wie zwei Fische im Wasser fühlen würden, denn, wie jeder Leser Ch. de Costers weiß, kam Eulenspiegel auf die Welt « in Flandern, in Damme, als im Frühling der Hagedorn zu blühen begann. »

▷

Het gotische stadhuis van Damme (1464) met zijn twee verdiepingen is een schitterend bouwwerk. De kleine, rode deuren in het benedengedeelte herinneren aan de opslagplaatsen van vroeger met zes winkels die aan particulieren werden verhuurd. In de bovenverdieping, die men via het voorportaal met dubbele trap bereikt, is de vergaderzaal van de stadsmagistraat.

The Town Hall of Damme, a two-storey Gothic gem, dates from 1464. The little red doors on the ground floor opened on six shops rented to private businessmen. The upper storey was reserved for the town Magistrate. It was was reached by the portico with its double staircase.

Joyau gothique à deux étages, l'hôtel de ville de Damme date de 1464. Les petites portes rouges du rez-de-chaussée rappellent les six magasins qui étaient loués à des particuliers. L'étage supérieur était réservé au magistrat de la ville. On y accédait par le portique à double escalier.

Das zweistöckige Rathaus von Damme (1464) ist ein Kleinod gotischer Baukunst. Die roten Türchen im Erdgeschoß erinnern an die sechs Geschäfte, die der Stadtrat da an private Kaufleute vermietete. Das Obergeschoß mit vorgelagertrer Eingangsloggia, die man über eine doppelte Freitreppe erreicht, war dem Stadtsmagistrat vorbehalten.

De toren van de Onze-Lieve-Vrouwkerk te Damme is, om met Michel de Guelderode te spreken, «losgescheurd van zijn kerk en schijnt af te drijven naar het platteland.» Het 25 m hoge bouwsel werd tegelijk met de middenbeuk tussen 1230 en 1250 opgetrokken. In 1578 werd de kerk door calvinistische troepen in brand gestoken en sindsdien is deze middenbeuk een ruïne. Thans is het koor (12de en begin 14de eeuw), dat in de 16de weer werd opgebouwd, meer dan groot genoeg voor het aantal mensen die er ter kerke gaan.

The tower of the church of Our Lady in Damme is today, in the words of Michel de Ghelderode, "severed from its church, seemingly drifting away towards the fields." Eight-five meters high, it was built between 1230 and 1250 along with the nave, destroyed in the fire set by Calvinist troops in 1578. Nowadays the faithful hardly even fill the choir (12th and early 14th centuries), rebuilt in the 16th century.

La tour de Damme est aujourd'hui, selon les mots de Michel de Guelderode, « arrachée à son église et semble aller à la dérive vers les campagnes ». Ses quarante-cinq mètres de hauteur furent dressés entre 1230 et 1250, en même temps que la nef. Celle-ci est en ruine depuis l'incendie allumé en 1578 par les troupes calvinistes. D'ailleurs, les fidèles n'emplissent plus que péniblement le chœur (XIIIe et début du XIVe siècle) en partie rebâti au XVIe siècle.

Der Turm der Liebfrauenkirche in Damme ist, um es mit den Worten des Dichters M. de Guelderode zu sagen, « von seiner Kirche losgerissen und gleicht einem landwärts abtreibenden Wrack ». Das 45 m hohe Geviert wurde wie das Mittelschiff zwischen 1230 und 1250 gebaut. Seitdem es die Kalvinisten 1578 in Brand steckten, ist dieses Mittelschiff eine Ruine geblieben. Der Chor (12. Jh. und Anfang 14. Jh.) wurde im 16. Jh. neu erbaut. Er ist so geräumig, daß er auch bei Festen kaum je überfüllt ist.

(Blz. 148 tot 151)
Om zijn dijken tegen zeewaterschade te beschermen sneed Nederland in 1951 het Zwin de toegang tot de zee af. Na heel wat verwoede discussies werd er op Belgisch grondgebied een vaargeul gegraven. Na de overstroming van februari 1953 werden de duinen opnieuw verstevigd en met zandhaver beplant. Zo ontstonden een reeks watervlakten die met de grotere zeearm waren verbonden. Bij springtij staat het hele Zwin onder water, hetgeen voor het zoutgehalte zorgt dat de zeer typische streekeigen fauna en flora vereisen.

(Pages 148 to 151)
In 1951 the Dutch, anxious to protect their dykes from sea erosion, cut all access from the sea to the Zwin plain. However, after heated discussions, a new channel was cut in Belgian territory. The dunes, carried away in the great storm of February, 1953 were reconstituted and planted with marram grass. In this way, a series of stretches of water, linked to the main creek, were formed. During the equinoctial tides the Zwin is completely flooded, thus maintaining the salinity of the soil necessary for the flora and fauna native to the region.

(Pages 148 à 151)
En 1951, les Hollandais, soucieux de protéger leurs digues de l'érosion marine, coupèrent tout accès de la mer à la plaine du Zwin. Mais après d'âpres discussions, un nouveau chenal fut creusé en territoire belge. Les dunes, emportées par la tempête de février 1953, furent reconstituées et couvertes d'oyats. Ainsi se reformèrent une série de plans d'eau, en communication avec la crique principale. Aux marées d'équinoxe, le Zwin est entièrement inondé, ce qui maintient la salinité du sol, indispensable à la faune et à la flore qui lui sont particulières.

(S. 148 bis 151)
Um den Wasserschäden an ihren Deichen ein Ende zu setzen, schlossen die Holländer 1951 das Zwin vom Meer ab. Nach heftigen Auseinandersetzungen beschloß man, auf belgischem Boden einen Kanal zu graben. Die durch die Sturmflut vom Februar 1953 weggeschwemmten Dünen wurden wieder verfestigt und mit Strandhafer besät. So entstanden Wasserflächen, die mit der großen Bucht verbunden waren. Bei Springflut steht das ganze Zwingebiet unter Wasser, so daß die Salzhaltigkeit des Bodens konstant bleibt, was für die sehr typische Fauna und Flora lebensnotwendig ist.

Op 23 juli 1907 opende Leopold II, die er sedert 1881 voorstander van was geweest, de haven van Zeebrugge op plechtige wijze. Brugge had eindelijk weer een zeehaven.

De diepzeehaven met zijn beschermde havendam had van meet af aan talrijke troeven in handen en heeft ze op meesterlijke wijze weten uit te spelen, eerst als veilige aanleghaven, dan vooral na de Tweede Wereldoorlog als industrie- en petroleumhaven en als aardgasterminal.

Le 23 juillet 1907, Léopold II inaugura solennellement le port de Zeebrugge dont il avait voulu la réalisation dès 1881. Bruges retrouvait un port de mer.

Rade abritée, établie en eaux profondes, Zeebrugge avait, dès le départ, de nombreux atouts. Il a su les jouer, d'abord comme port d'escale, à l'abri des tempêtes, ensuite — après la Seconde Guerre mondiale — comme port industriel, pétrolier et gazier.

On July 23, 1907 Leopold II officially inaugurated the port of Zeebrugge which he had wanted to build since 1881. Bruges thus regained a sea port.

From the beginning, Zeebrugge with its sheltered deep-water harbor had many advantages. It was first used as a port of call and fueling station, sheltered from storms, and after the Second World War as an industrial port and oil and gas terminal.

Am 23. Juli 1907 eröffnete Leopold II., der die Pläne seit 1881 gefördert hatte, feierlich den Hafen von Zeebrügge. Brügge hatte wieder Zugang zum Meer. Der neue Hafen mit seiner geschützten Reede für Schiffe mit großem Tiefgang bot zahlreiche Vorteile, die man zu nutzen wußte. Zuerst war es ein Hafen, in dem Schiffe bei schwerer See Sicherheit finden konnten, dann wurde es, vor allem nach dem 2. Weltkrieg, ein Industrie- und Erdölhafen sowie ein Erdgasterminal.

860 Boudewijn met de IJzeren Arm schaakt Judith, de dochter van Karel de Kale, die haar te Senlis had opgesloten.

1063 Om de kooplieden en de vreemdelingen te beschermen stelt Boudewijn V een godsvrede in.

1071 Opstand van Robrecht de Fries, broer van de zopas overleden Boudewijn V, tegen de jonge Arnulf III, die de steun van de Franse koning Filips I geniet, maar die tijdens de slag bij Kassel omkomt. Robrecht de Fries wordt graaf van Vlaanderen en bijft het tot in 1093.

1127 Op 2 maart wordt Karel de Goede in de St. Donaaskerk vermoord. Aanleg van de eerste stadswal van Brugge.

1150 Op 7 april terugkeer van Diederik van de Elzas uit het Heilige Land.

1214 Slag bij Bouvines en opsluiting van Ferrand van Portugal.

1244-1278 Margaretha van Constantinopel, de stichtster van het Begijnhof, staat aan het hoofd van het graafschap van Vlaanderen.

1297 Aanleg van de tweede stadswal van Brugge.

1300 Gwijde van Dampierre wordt gevagengezet door Filips de Schone, die Vlaanderen bij het Franse kroondomein voegt.

1302 18 mei: de Brugse Metten of opstand tegen de Koning van Frankrijk.
11 juli: de Guldensporenslag bij Kortrijk.

1382 Huwelijk van Margareta van Male, erfgename van Lodewijk van Male, met Filips de Stoute, hertog van Bourgondië.

1429 Huwelijk van Filips de Goede met Isabella van Portugal te Brugge. Instelling van de ridderorde van het Gulden Vlies.

1464 Eerste vergadering van de Staaten-Generaal te Brugge.

1468 Huwelijk van Karel de Stoute met Margareta van York.

1482 Dood van Maria van Bourgondië.

1488 (16 februari-5 mei) gevangenschap van Maximiliaan van Oostenrijk te Brugge.

1515 Op 18 april blijde inkomst van Karel V te Brugge.

1578-1584 Beeldenstorm en machtsovername door de protestanten.

1584 Brugge geeft zich over aan landvoogd Alexander Farnese.

1598-1621 Albrecht en Isabella, aartshertogen van de Zuidelijke Nederlanden.

1706 Aankomst van de hertog van Marlborough te Brugge.

1749 Bijde inkomst van Karel van Lorreinen, landvoogd van de Zuidelijke Nederlanden.

1794-1814 Frans Bewind; Brugge is de hoofdplaats van het Leie-departement.

1815-1830 Hollands Bewind; Brugge is de hoofdplaats van de provincie West-Vlaanderen.

1830 Belgische omwenteling en onafhankelijkheid van België.

1907 Openstelling van de haven van Zeebrugge.

860 Baudouin Bras de Fer enlève Judith que son père, le roi Charles le Chauve, tenait enfermée à Senlis.

1063 Le comte Baudouin V proclame la « trêve de Dieu » qui protège les marchands et les étrangers.

1071 Robert le Frison, frère de Baudouin VI, mort en 1070, se révolte contre le jeune Arnould III que soutient le roi de France Philippe Ier et qui meurt dans une bataille à Cassel. Robert le Frison devient comte de Flandre et règne jusqu'en 1093.

1127 (2 mars) Assassinat de Charles le Bon en l'église Saint-Donatien. Construction de la première enceinte de Bruges.

1150 (7 avril) Retour de Croisade du comte Thierry d'Alsace.

1214 (27 juillet) Bataille de Bouvines. Captivité de Ferrand de Portugal.

1244-1278 Règne de Marguerite de Constantinople, fondatrice du béguinage.

1297 Construction de la seconde enceinte de Bruges.

1300 Captivité de Gui de Dampierre. Le roi Philippe le Bel décrète l'annexion de la Flandre à la France.

1302 (18 mai) « Matines brugeoises », révolte contre le roi de France. (11 juillet) Bataille de Groeninge (« Eperons d'Or »).

1382 Mariage de Marguerite de Male, héritière du comte Gui de Male, avec Philippe le Hardi, duc de Bourgogne.

1429 Mariage à Bruges de Philippe le Bon avec Isabelle de Portugal. Fondation de la Toison d'Or.

1464 Première réunion des Etats Généraux, à Bruges.

1468 Mariage de Charles le Téméraire avec Marguerite d'York.

1482 Mort de Marie de Bourgogne.

1488 (16 février-5 mai) Captivité de Maximilien d'Autriche.

1515 (18 avril) Joyeuse entrée de Charles-Quint à Bruges.

1578-1584 Iconoclasme . Gouvernement protestant.

1584 Bruges se rend au gouverneur général Alexandre Farnese.

1598-1621 « Règne » des archiducs Albert et Isabelle.

1706 Entrée du duc de Marlborough à Bruges.

1749 Joyeuse entrée de Charles de Lorraine, gouverneur général des Pays-Bas.

1794-1814 Occupation française. Bruges, chef-lieu du département de la Lys.

1815-1830 Régime hollandais. Bruges, chef-lieu de la province de Flandre occidentale.

1830 Indépendance de la Belgique.

1907 (23 juillet) Inauguration du port de Zeebrugge.

860	Baudouin Bras-de-Fer seizes Judith, whom her father, Charles the Bald, had sequestered at Senlis.	
1063	Count Baudouin V proclaims the "Truce of God" protecting merchants and foreigners.	
1071	Robert the Frisian, brother of Baudouin VI, dead in 1070, rebels against the young Arnould III, ally of King Philip I of France and who dies in a battle at Cassel. Robert the Frisian becomes Count of Flanders and rules until 1093.	
1127	March 2: Assassination of Charles the Good in Saint Donatian's church. Construction of the first wall of Bruges.	
1150	April 7: Return of Count Thierry of Alsace from the crusades.	
1214	July 27: Battle of Bouvines. Captivity of Ferrand of Portugal.	
1244-1278	Reign of Margaret of Constaninople, founder of the Beguinage.	
1297	Construction of the second wall of Bruges.	
1300	Captivity of Guy of Dampierre. King Philip the Fair decrees the annexation of Flanders to France.	
1302	May 18: The "Matins of Bruges" — revolt against the King of France. July 11: Battle of the Golden Spurs.	
1382	Marriage of Margaret of Male, heiress of Count Louis of Male, to Philip the Bold, Duke of Burgundy.	
1429	Marriage of Philip the Good to Isabelle of Portugal. Foundation of the Order of the Golden Fleece.	
1464	First meeting of the States General in Bruges.	
1468	Marrriage of Charles the Bold to Margaret of York.	
1482	Death of Mary of Burgundy.	
1488	February 16-May 5: Imprisonment of Maximilian of Austria.	
1515	April 18: Joyous Entry of Charles the Fifth into Bruges.	
1578-1584	Iconoclasm. Protestant government.	
1584	Bruges surrenders to the Governor-General, Alexander Farnese.	
1598-1621	"Reign" of the Archdukes Albert and Isabella.	
1706	The Duke of Marlborough enters Bruges.	
1749	Joyous Entry of Charles of Lorraine, Governor-General of the Low Countries.	
1794-1814	French occupation. Bruges is the seat of the Department of the Lys.	
1815-1830	Dutch regime. Bruges is capital of west Flanders.	
1830	Belgian independence.	
1907	July 23: Inauguration of the port of Zeebrugge.	

860 Balduin, genannt « Eisenarm », entführt Judith, die in Senlis eingesperrte Tochter Karls des Kahlen.

1063 Graf Balduin V. setzt zum Schutz der Kaufleute und Ausländer einen Gottesfrieden ein.

1071 Nach dem Tode Balduins V. erhebt sich dessen Bruder Robert der Friese gegen den jungen, und vom König Frankreichs unterstützten Arnulf III., der bei der Schlacht von Kassel umkommt. Von 1071 bis 1093 ist Robert der Friese Graf von Flandern.

1127 Am 2. März Ermordung Karls des Guten in der St. Domitianskirche. Bau der ersten Stadtmauer Brügges.

1150 Am 7. April Rückkehr Diedrichs von Elzaß aus dem Heiligen Land.

1214 Am 27. Juli Schlacht bei Bouvines und Gefangensetzung Ferrands von Portugal.

1244-1278 Margaretha von Konstantinopel, Gräfin von Flandern, gründet den Beginenhof.

1297 Beginn des Baus der zweiten Stadtmauer um Brügge.

1300 Gefangennahme Guidos van Dampierre. Philipp der Schöne beschließt die Annexion Flanderns an Frankreich.

1302 18. Mai: Aufstand gegen den König von Frankreich (« Brügger Metten »); 11. Juli: Schlacht der goldenen Sporen bei Kortrijk (Groeninge).

1382 Margaretha van Male, Erbin Ludwigs van Male, heiratet den Herzog von Burgund Philipp den Kühnen.

1429 Hochzeit Philipps des Guten mit Isabella von Portugal in Brügge und Gründung des Ritterordens vom Goldenen Vlies.

1464 Erste Einberufung der Generalstaaten in Brügge.

1468 Hochzeit Karls des Kühnen mit Margaretha von York.

1482 Tod Marias von Burgund.

1488 (16. Feb. bis 5. Mai) Verhaftung Maximilians von Österreich in Brügge.

1515 Am 18. April fröhlicher Einzug Karls V. in die Stadt.

1578-1584 Bilderstürmerei und Herrschaft der protestanten.

1584 Brügge übergibt sich dem Statthalter Alexander Farnese.

1598-1621 Regierung der Erzherzöge Albert und Isabella.

1706 Einzug des Herzogs von Marlborough in Brügge.

1749 Fröhlicher Einzug Karls von Lothringen, Statthalter der österreichischen Niederlande, in Brügge.

1794-1814 Besetzung durch Frankreich; Brügge wird zur Hauptstadt des Leiedepartements (département de la Lys) promoviert.

1815-1830 Während des holländischen Regimes wird Brüge die Hauptstadt der Provinz Westflandern.

1830 Belgische Revolution und Unabhängigkeit Belgiens.

1907 Am 23. Juli Eröffnung des Hafens von Zeebrügge.

De niet in deze lijst opgenomen gebouwen zijn niet toegankelijk.

Het zomers seizoen duurt van 1 april tot 1 oktober, de winterdienstregeling is van kracht van 2 oktober tot 31 maart.

Begijnhof, park en museum:
Toegankelijk van 10-12 en 13.45-18 uur.

Belfort en stadhuis:
Van 1.4 tot 30.9 toegankelijk van 9.30-18 uur; 's winters van 9.30-12.30 en 13.30-17 uur; beklimming van het belfort mogelijk.

De Civiele Griffie en het Provinciaal Museum van het Brugse Vrije:
Te bezoeken van 10-12 uur en 13.30-17 uur.

Damme, O.-L.-Vrouwkerk:
De kerk is te bezoeken van 10-12 uur en van 14.30-17.30 uur; bestijging van de toren mogelijk.

Damme, stadhuis:
Toegankelijk van 9-12 en 14-18 uur behalve tijdens het weekend.

Godshuizen De Meulenaere:
Het binnenhof is altijd toegankelijk.

Groeningemuseum, Gruuthusemuseum, Guido Gezellemuseum, Stedelijk Museum van Volkskunde:
Toegankelijk van 9.30-17 uur, in de winter van 9.30-12.30 uur en van 14-17 uur; dinsdag gesloten.

H.-Bloedkapel en museum:
Te bezoeken van 9.30-12 uur en 14-18 uur, in de winter slechts tot 16 uur.

Het Zwin (Natuurreservaat):
Toegankelijk in de zomer van 9-19 uur, in de winter van 10-17 uur.

Hof Bladelin:
Is alleen te bezoeken mits afspraak (nr. 050/33.64.34).

Jeruzalemkerk:
Behalve zondags, toegankelijk van 10-12 en 14-18 uur, zaterdag slechts tot 17 uur.

O.-L.-Vrouwkerk:
Is te bezoeken van 10-11.30 uur behalve op zondag en van 14.30-17 uur (in de winter slechts tot 16.30 uur).

St.-Annakerk:
Toegankelijk van 10-12 uur en 14-16 uur, op zondag geen gelegenheid tot bezichtiging.

St.-Gilliskerk:
Van 1 juni tot 30 september toegankelijk van 9.30-17 uur, tijdens het weekend tot 18.30 uur; vanaf 1 oktober van 9.30-11.30 uur. Geen gelegenheid tot bezichtiging op zondag.

St.-Jacobskerk:
In juli en augustus elke dag toegankelijk van 14-17.30 uur; van 1 september tot 30 juni van 9-11.45 uur maar niet tijdens het weekend.

St.-Janshospitaal en Memlingmuseum:
Te bezoeken van 9.30 tot 17 uur, in de winter van 9.30-12.30 uur en van 14-17 uur. Dinsdag gesloten.

St.-Janshuismolen:
Tijdens de schoolvakanties (juli, augustus, Kerstmis, Pasen) van 9.30-12 uur en van 13-17 uur toegankelijk.

St.-Salvatorskatedraal:
In de zomer toegankelijk van 10-12 uur behalve op zondag en van 14-17 uur; in de winter van 14-17 uur behalve op zondag.

St.-Sebastiaansgilde:
Te bezoeken op maandag, woensdag, vrijdag en zaterdag van 10-12 en 14-17 uur.

Les monuments non repris dans cette liste sont inaccessibles au public.

L'horaire d'été commence le 1er avril et se termine le 1er octobre; l'horaire d'hiver dure du 2 octobre au 31 mars.

Beffroi et hôtel de ville:
Accessibles en été de 9 h 30 à 17 h. En hiver, de 9 h 30 à 12 h 30 et de 13 h 30 à 17 h (fermé le mardi). L'ascension du beffroi est possible selon le même horaire.

Béguinage, parc et musée:
Ouverts de 10 h à 12 h et de 13 h 45 à 18 h.

Cathédrale Saint-Sauveur:
Peut se visiter en été de 11 h à 12 h et de 14 h à 17 h (fermé le dimanche matin). En hiver de 14 h à 17 h (fermé le dimanche et le matin).

Damme, église Notre-Dame:
Eglise ouverte au public et ascension de la tour permise de 10 h à 12 h et de 14 h 30 à 17 h 30.

Damme, hôtel de ville:
Accessible de 9 h à 12 h et de 14 h à 18 h (fermé le week-end).

Eglise de Jérusalem:
Peut se visiter de 10 h à 12 h et de 14 h à 18 h, le samedi jusque 17 h. Fermé le dimanche.

Eglise Notre-Dame:
Accessible en été de 10 h à 11 h 30 et de 14 h 30 à 17 h; le dimanche, visites uniquement de 14 h 30 à 17 h. En hiver, de 10 h à 11 h 30 et de 14 h 30 à 16 h 30; le dimanche, de 14 h 30 à 16 h 30.

Eglise Sainte-Anne:
Accessible de 10 h à 12 h et de 14 h à 16 h. Fermé le dimanche.

Eglise Saint-Gilles:
Accessible du 1er juin au 30 septembre de 9 h 30 à 17 h (le week-end de 9 h 30 à 18 h 30). A partir du 1er octobre, de 9 h 30 à 11 h 30 (fermé le dimanche).

Eglise Saint-Jacques:
En juillet-août, accessible tous les jours de 14 h à 17 h 30. Du 1er septembre au 30 juin, de 9 h à 11 h 45 (fermé le week-end).

Greffe Civil et Palais du Franc:
Peut se visiter de 10 h à 12 h et de 13 h 30 à 17 h.

Guilde de Saint-Sébastien:
Accessible les lundi, mercredi, vendredi, samedi de 10 h à 12 h, et de 14 h à 17 h.

Hôpital Saint-Jean et musée Memling:
Ouverts en été de 9 h 30 à 17 h. En hiver, de 9 h 30 à 12 h 30 et de 14 h à 17 h (fermé le mardi).

Hôtel Bladelin:
Visites uniquement sur rendez-vous (050/33.64.34).

Maison-Dieu de Meulenaere:
Cour intérieure accessible en permanence.

Moulin Saint-Jean:
Ouvert seulement pendant les vacances scolaires de juillet-août, de Noël et de Pâques, de 9 h 30 à 12 h et de 13 h à 17 h.

Musées du folklore, Groeninge, Gruuthuse et Guido Gezelle:
Ouverts en été de 9 h 30 à 17 h. En hiver, de 9 h 30 à 12 h 30 et de 14 h à 17 h (fermé le mardi).

Saint-Sang, chapelle et musée:
Accessibles en été de 9 h 30 à 12 h et de 14 h à 18 h. En hiver, de 9 h 30 à 12 h et de 14 h à 16 h.

Zwin (réserve naturelle du):
Ouverts en été de 9 h à 19 h. En hiver, de 10 h à 17 h.

Monuments not included in this list are not open to the public.

Summer hours: April 1 to October 1, inclusive.
Winter hours: October 2 to March 31.

Béguinage, grounds and museum:
Daily 10 to 12 and 1.45 to 6.

Belfry and Town Hall:
Summer 9.30 to 5. Winter 9.30 to 12.30 and 1.30 to 5, closed Tuesday. Same hours for ascending the belfry.

Bladelin Mansion:
Visits only by appointment (050/33.64.34).

Chapel and Museum of the Holy Blood:
Summer from 9.30 to 12 and 2 to 6. Winter from 9.30 to 12 and 2 to 4.

Church of Our Lady:
Summer from 10 to 11.30 and 2.30 to 5; Sunday, afternoon only. Winter 10 to 11.30 and 2.30 to 4.30, Sunday afternoon only.

Damme, Our Lady's church:
Church and tower open from 10 to 12 and 2.30 to 5.30.

Damme, Town Hall:
Open 9 to 12 and 2 to 6. Closed weekends.

Groeninge, Gruuthuse, Guido Gezelle and Folklore Museum:
Summer from 9.30 to 5. Winter 9.30 to 12.30 and 2 to 5, closed Tuesdays.

Guild of Saint Sebastian:
Monday, Wednesday, Friday, Saturday from 10 to 12 and 2 to 5.

Jerusalem Church:
Open 10 to 12 and 2 to 6, except Saturday to 5. Closed Sunday.

Meulenaere Almshouses:
Inner courtyard open permanently.

Municipal Register and County Hall:
Open daily from 10 to 12 and 1.30 to 5.

Saint Anna's church:
Open 10 to 12 and 2 to 4 except Sunday.

Saint Giles' church:
June 1 to September 30 open 9.30 to 5, weekends until 6.30. From October 1, open from 9.30 to 11.30, closed Sunday.

Saint James's church:
July and August open daily from 2 to 5.30. September 1 to June 30 open from 9 to 11.45, closed weekends.

Saint John's Hospital and Memling Museum:
Summer open 9.30 to 5. Winter 9.30 to 12.30 and 2 to 5, closed Tuesdays.

Saint John's Windmill:
Open only during school holidays in July and August, at Christmas and Easter from 9.30 to 12 and 1 to 5.

Saint Saviour's Cathedral:
Summer from 10 to 12 and 2 to 5, closed Sunday morning. Winter from 2 to 5, closed Sunday.

Zwin, nature reserve:
Open Summer from 9 to 7. Winter 10 to 5.

Die nicht in der Liste aufgenommenen Gebäude sind nicht für das Publikum zugänglich.

Die sommerlichen Öffnungszeiten gelten vom 1. April bis zum 1. Oktober, die winterlichen vom 2. Oktober bis zum 31. März.

Akte Kanzlei (Civiele Griffie) und Provinziales Museum des Brugse Vrije (Freistätte Brügge):
Von 10 bis 12 und von 13.30 bis 17 Uhr geöffnet.

Armenhäuser De Meulenaere:
Der Innenhof ist ganzjährig geöffnet.

Beginenhof Park und Museum:
Von 10-12 Uhr und von 13.45-18 Uhr geöffnet.

Belfried und Rathaus:
Im Sommer von 9.30 Uhr bis 17 Uhr geöffnet, im Winter von 9.30-12.30 Uhr und 13.30-17 Uhr. Dienstags geschlossen. Während der Öffnungszeiten ist die Besteigung des Belfrieds gestattet.

Damme, Liebfrauenkirche:
Von 10-12 und von 14.30-17.30 Uhr geöffnet und Besteigung des Kirchturms gestattet.

Damme, Rathaus:
Von 9-12 und von 14-18 Uhr geöffnet, außer am Wochenende.

Das Zwin (Naturreservat):
Im Sommer von 9 bis 19 Uhr, im Winter von 10 bis 17 Uhr zugänglich.

Gilde von St. Sebastien:
Montags, mittwochs, donnerstags und freitags von 10 bis 12 und von 14 bis 17 Uhr geöffnet.

Groeningemuseum, Gruuthusemuseum, Guido Gezelle-Museum, Museum für Volkskunde:
Von 9.30 bis 17 Uhr geöffnet, im Winter von 9.30 bis 12.30 und von 14 bis 17 Uhr. Dienstags geschlossen.

Hl.-Blutkapelle und -museum:
Besichtigung von 9.30 bis 12 und von 14 bis 18 Uhr, im Winter nur bis 16 Uhr.

Hof Bladelin:
Nur auf Verabredung zugänglich (Telefonnr.: 050/33.64.34).

Jerusalemkirche:
Im Sommer Besichtigungzeit von 10-12 Uhr (außer sonntags) und von 14-18 Uhr, im Winter bis 17 Uhr.

Johannesspital und Memlingmuseum:
Von 9.30 bis 17 Uhr, im Winter von 9.30 bis 12.30 und von 14 bis 17 Uhr geöffnet. Dienstags geschlossen.

Liebfrauenkirche:
Im Sommer geöffnet von 10-11.30 Uhr (außer sonntags) und von 14.30-17 Uhr; im Winter dieselben Öffnungszeiten, doch nur bis 16.30 Uhr.

St.-Annakirche:
Außer sonntags geöffnet von 10-12 und von 14-16 Uhr.

St.-Gilleskirche:
Von 1. Juni bis zum 30. September von 9.30-17 Uhr, am Wochenende bis 18.30 Uhr. Ab 1. Oktober von 9.30 bis 11.30 Uhr. Sonntags keine Besichtigung.

St.-Jakobskirche:
Im Juli-August geöffnet von 14-17.30 Uhr, von 1.10. bis 30.6. von 9-11.45 Uhr. Keine Besichtigung am Wochenende.

St.-Janshuismolen:
Die Mühle kann in den Schulferien (Juli, August, Weihnachten, Ostern) von 9.30 bis 12 und von 13 bis 17 Uhr besichtigt werden.

St.-Salvatrkathedrale:
Im Sommer von 10-12 Uhr außer sonntags und von 14-17 Uhr; im Winter nur von 14-17 Uhr, doch sonntags keine Besichtigung.

Inhoud — Table

© 1993 B.v.b.a. UITGEVERIJ PAUL MERCKX EDITIONS S.p.r.l.
Beeldhouwerslaan 145a, B-1180 Brussel.
Avenue des Statuaires 145a, B-1180 Bruxelles.

Tel. 02/374.41.56 - Fax 32/2/375.80.37.

Editor : Vincent Merckx.

Photos Damien Hubaut. Roland Caussin for pages 91-93. Misjel Decleer 145, 146,
148-151. Paul Merckx 62, 65, 67, 110, 142. © Monasterium van de Wijngaard 99.
© Stedelijke Dienst Musea 41, 53-60, 68, 75, 82-87, 111, 113, 114, 118, 122.

Nederlandse bewerking door Aloys Bertha.
English translation by Sheila Tessier-Lavigne.
Deutsche Übertragung von Aloys Bertha.

Photo-engraving in Belgium by Techniscan, Grimbergen.
Printed in Belgium by Euroset (Kuurne) on Mediaprint TCF paper.

D-1993-0398-7
ISBN 90-74847-02-3